If the kids are united ...

Martin Büsser

If the kids are united ...

Von Punk zu Hardcore und zurück

ventil

Martin Büsser wurde 1968 geboren und hat sich in seiner Arbeit als Journalist, Autor, Verleger und Musiker zu keiner Zeit zu Kompromissen hinreißen lassen. Bereits in den 1980er-Jahren schrieb er fur das Hardcore-Fanzine Zap, brachte dort entgegen den redaktionellen Interessen Artikel uber u. a. John Cage, Heiner Goebbels oder Magma unter, und setzte sich am gleichen Ort kritisch mit der Hardcore-Szene auseinander. Die Konsequenz war 1995 die Grundung der testcard sowie 1999 die des Ventil Verlags, beides Orte, die seinen vielseitigen Interessen Raum ließen. Er schrieb nicht nur über Musik sondern auch über Literatur, Comic, Film, Kunst, Queere Theorie und Politik. Oftmals uber alles gleichzeitig. Daneben entstanden eigene literarische Arbeiten, Comics, Bilder sowie Tontrager mit seiner Band Pechsaftha. Martin Busser starb im Herbst 2010.

© Ventil Verlag UG (haftungsbeschränkt) & Co. KG
Abdruck, auch in Auszügen, nur mit ausdrücklicher Erlaubnis des Verlages. Alle Rechte vorbehalten.

10. Auflage 2024
ISBN 978-3-930559-48-0

Layout/Satz: Oliver Schmitt
Cover unter Verwendung eines Fotos
von Anne Ullrich
Foto S. 101: Anne Ullrich
Foto S. 161: Oliver Schmitt
Druck: Hunter Books

Ventil Verlag
Boppstr. 25, D-55118 Mainz
www.ventil-verlag.de

Inhalt

Vorweg

Über das Buch

Obwohl hier kein Backstein in der Hand liegt und das Buch also punkgerecht als Wurfgeschoß völlig ungeeignet ist, bemühte sich der Autor doch, in geraffter Form die komplette Geschichte von Punk und Hardcore bis heute nachzuzeichnen. Trotz zahlreicher Lücken [versteht sich] liegt damit erstmals eine Chronik vor, die Punk und Hardcore in ihrer ganzen, spätestens heute durch die MTV-Vereinnahmung offensichtlich werdenden Widersprüchlichkeit von Anarchie und Teilnahme analysiert. Wer ist dafür verantwortlich, daß sich die wohl radikalste Protestkultur der Nachkriegszeit zum ›common sense‹ gegenwärtiger Popästhetik entwickelt hat und also aller Radikalität beraubt wurde? – Malcolm McLaren? THE EXPLOITED? Billy Idol? NIRVANA? Sony Music? Die immer professioneller gewordenen Fanzines? Die Entpolitisierung der Bewegung durch Bands wie BAD RELIGION? Die TOTEN HOSEN? Das ›Ende des Kommunismus‹? Die ›Krise der Linken‹? Das ›Verschwinden des Subjekts‹?

Wie auch immer: In diesem Buch gibt es weder Schuldzuweisungen noch ›Good times‹-Nostalgie. Andererseits handelt es sich aber auch nicht um einen nüchternen, rein deskriptiven Bericht. Der Autor, der ›seiner‹ Szene über mehr als ein Jahrzehnt angehörte, berichtet mit Anteilnahme, aber inzwischen gewonnener Distanz, wie und warum alles so kommen mußte, wie es nun gekommen ist. »If the kids are united« ist damit Selbstzeugnis, Chronik, Zitatensammlung, wissenschaftliche Analyse, Abgesang und Liebesbeweis zugleich.

Dank

Dank geht an alle, die mir Texte und Ideen beisteuerten oder durch ihre Veröffentlichungen Vorarbeit geleistet haben, insbesondere an Thomas Lau, Michael Arndt, Fredi Laaser / AJZ Bielefeld, Jochen Kleinhenz, Johannes Ullmaier und Michael Fichert, aber auch an alle im Laufe der Jahre interviewten Musikerinnen und Musiker. Nicht näher gekennzeichnete Zitate stammen aus eigenen Interviews. Für dieses Buch habe ich – sofern noch vorhanden – die alten Interviewbänder neu abgehört, da vieles im Rückblick eine ganz andere Note erhält. Diese Methode hat sich als besser erwiesen, da die Zeitschriftentexte je nach gerade herrschender Stimmung gefärbt gewesen sind. Natürlich setzt sich auch dieser Text aus einem Puzzle subjektiver Empfindungen zusammen, doch während des Schreibens stellte sich mehr und mehr heraus, daß sich bei mir schon eine gewisse Distanz zur Sache entwickelt hatte. Das macht vielleicht auch die ›Wissenschaftlichkeit‹ der Sprache aus, für die ich mich entschuldige, denn sie ist, zugegeben, alles andere als Punk. Doch sie hilft vielleicht auch, Außenstehenden begreiflich zu machen, welches Fieber uns im Laufe der Achtziger gepackt und durch die Jahre getrieben hatte.

Außerdem

Dies hier ist ein Buch, kein Fanzine. Das heißt nicht, daß ich mir den Anstrich des Seriösen geben möchte – über Punk kann man nicht rein akademisch schreiben, ohne der Sache zu schaden. Es ist der Versuch, die Phänomene an sich zu fassen und historisch zu bewerten. Es ist an der Zeit.

Zugegeben: Viel ist schon über Punk geschrieben worden, und wahrscheinlich wird auch noch viel darüber geschrieben werden. Eine ganze Menge von Leuten, die mit Punk aufwuchsen, sind inzwischen in ihrer akademischen Laufbahn nach oben gerutscht und nutzen diese Lage kokett, um nun mit der wilden Jugend zu schwadronieren. Ich finde das nicht grundsätzlich verwerflich. Also, wenn etwas Vernünftiges, Sachgerechtes dabei rauskommt. Die komplette Entwicklung der ›Bewegung‹ bis heute ist allerdings noch nicht geschrieben worden. Ich mache – zumindest hierzulande – einen Anfang und bitte zu korrigieren, wo auch immer mir Fehler unterlaufen sein könnten. Sollte es zu weiteren Auflagen kommen, können sie verbessert werden.

Die vorliegende Ausgabe ist bereits gegenüber der ersten, 1995 erschienenen, und auch gegenüber der dritten überarbeiteten Auflage von 1996 stark korrigiert worden. Bei einem solchen Thema ist ein Ende der Korrekturen allerdings nicht abzusehen.

Martin Büsser, Mai 1997

ERSTER TEIL

Einleitung

Wenn es nur noch um Musik geht
Dann war alles nur ein Irrtum
Volker Rühe macht jetzt Punkrock
Es ist nichts mehr wert
[... BUT ALIVE, »Scheiße erkennen«]

Hardcore ist neben Punkrock die einzige Musik, die innerhalb der autonomen Linken eine solche internationale Akzeptanz erreichte, daß die
kritische Aufarbeitung, die nicht nur ein Nachdenken über Musik, sondern über ein subkulturelles Medium mit all seinen Widersprüchen und
Bruchstellen sein sollte, längst überfällig ist.

Von Punk ausgehend eine ›Hardcore history‹ zu skizzieren, kann
nicht allen an der Szene Beteiligten nach den Lippen reden, da Hardcore
als soziopolitische Gegenkultur je nach Alter, Region und persönlicher
Erwartung/Erfahrung anders erlebt wurde und wird. So entstand (wie
auch schon im Punk) ein extrem weit gefächerter Aktionsradius, der von
unpolitischen Fun-Bands bis zu Personen reicht, die Musik ganz in den
Dienst der ›message‹ stellen oder sogar zugunsten von politischer Aktion
aufgegeben haben; von strikten Alkohol- und Drogengegnern bis zu Personen, die unter dem ›harten Kern‹ Abgewracktsein verstehen und zelebrieren; von Menschen, die mit hohem Engagement und geringstem
Einkommen Leben und Beruf Punk/Hardcore widmen bis hin zur kultur-
industriellen Ausschlachtung, die (zum Teil mit Erfolg) versucht, aus
Punk/Hardcore eine massenwirksame Jugendkultur zu erstylen.

Weshalb ein solches Buch heute, Mitte der Neunziger? Verweist eine solche ›history‹ bzw. Bestandsaufnahme nicht gerade darauf, daß es sich bei dem Thema um ein abgeschlossenes Kapitel handelt und Punk/ Hardcore als subkulturelle Erscheinung Geschichte geworden ist? Tatsächlich ist seit Beginn der Neunziger (zeitgleich mit dem Aufstieg und Fall von NIRVANA, der letzten ernsthaft punkinspirierten Mainstream-Band, die doch niemals Mainstream werden wollte) vieles in Bewegung geraten, was darauf hindeutet, daß Hardcore als rebellischer, radikaler Musikstil und Ausdrucksmittel der Linken an Referenz verloren hat: Während eine Großzahl der einst auf ihre überschaubare Szene und Selbstverwaltung so stolzen Bands sich plötzlich von Majorfirmen und MTV verwalten läßt (HENRY ROLLINS BAND, SICK OF IT ALL, Cro Mags u. a.), wächst gleichzeitig das Interesse der Linken an anderen musikalischen Ausdrucksformen, etwa an HipHop, Drum 'n' Bass und Raggamuffin. Obwohl es noch heute in Sachen Punk/Hardcore eine Unzahl an musikalischem Nachwuchs gibt, ist die einst voller Emotionen gepflegte homogene Szene aufgebrochen und fand schließlich ihren Weg zur Massenkultur. Außerhalb dieser überschaubaren, familiären Szene jedoch ist die politische Relevanz von Hardcore blaß geblieben: Vom autonomen Jugendzentrum zur Mattscheibe gewechselt, haben viele Bands an Schärfe verloren und klingen gegenüber Rappern wie Ice T nach harm- und belanglosem weißen Trash.

Während HipHop sich seiner Funktion als Massenkultur stets bewußt gewesen ist und von Anfang an lernte, in diesem Medium politisch zu agieren, sich also medienadäquat zu präsentieren, sind Schweiß, Slamdance und Stagediving, die direkte Energie, Intimität und Wut von Hardcore nicht auf einen Videoclip übertragbar. Andere Bands dagegen, die sich der Industrie (noch) entzogen haben, sind im Laufe der Zeit zu Konservendosen ihrer selbst geworden, reproduzieren sich selbst von Jahr zu Jahr ähnlich nostalgisch wie die RAMONES: Auf den fast jährlichen Tourneen von Heroen wie BAD RELIGION, THE FREEZE und NOFX versuchen Bands und Publikum einen Spirit aufzutauen, dessen Wurzeln bis zu zehn Jahre zurückliegen. Von Direktheit kann da kaum mehr die Rede sein. Damit sind Punk und Hardcore geworden, was sie nie sein wollten: konservativ – gegen alle Beteuerung, niemals sterben zu wollen und zu können, selbst schon ein Stück Musikgeschichte und damit oft so ranzig wie Mick Jagger und Manfred Mann.

Ein Stück Geschichte, das sich daran abzeichnet, daß die allsommerlich stattfindenden Open-Air-Massenveranstaltungen vor Zehntausenden längst nicht mehr nur von Konsens-Bands aus dem Rock-/Popbereich getragen werden (z. B. U2, METALLICA), sondern daß dem gegenüber Hardcore Konsens geworden ist: Headliner des ›Rheinkultur Festivals‹ in Bonn 1994 waren SICK OF IT ALL und NOFX, das ›Bizarre Festival‹ in Köln präsentierte 1994 fast ausschließlich Hardcore-Bands (SPERMBIRDS, BIOHAZARD, BAD RELIGION). Einerseits ist Hardcore damit mehr Mittelpunkt des musikalischen Geschehens denn je, hat einen zentralen Stellenwert erlangt, der in den Neunzigern daneben nur noch HipHop und Techno zukommt; andererseits zeichnet sich damit auch ein Ende ab. Wo ein ›noch größer‹ kaum mehr möglich ist, bleibt in den meisten Fällen Stagnation. Und sei es, daß die Bands, irgendwann ausgequetscht wie Zitronen, saftlos liegengelassen, als ein bedauernswertes Häuflein Jahr für Jahr durch Pubs und kleine Clubs tingeln werden. Die Zukunft des Hardcore entspricht heute schon dem Scheideweg zwischen Joe Cocker (einst als neu und wild empfunden, heute flacher Radio-Mainstream) und MAN (einst als progressiver Psych-Underground gefeiert, heute tingeln sie abgehalftert von einem Provinzschuppen zum nächsten): Aufrechterhalten der Stadiongröße durch ein medienwirksam aufgebauschtes Revival ohne erkennbare Weiterentwicklung, oder Abnudeln alter Klischees vor einem kleinen, vergangenheitstrunkenen Publikum. Genau dort fängt ein Stil ja an, sich als ausgebranntes Relikt zu erweisen: wo große oder vermeintlich große Namen umkippen ins Lächerliche und manchmal auch Bedauernswerte.

Darum ist es möglich, 1995 ohne Sentimentalität über dieses Thema zu schreiben und mögliche Fehler aufzuzeigen, die klarmachen, warum Punk/Hardcore als subkulturelle Bewegung nicht bestehen konnte, obwohl doch entscheidende Impulse für kommende Generationen gegeben wurden.

Keine Musik stirbt von heute auf morgen. Wir befinden uns gerade im Dazwischen.

Von Punk zu Hardcore

Eine verwaschene Geschichte zum Geleit

»Hardcore Punk« nannten die MANIACS aus Rothenburg 1984 einen Song, in dessen Refrain die beiden Wörter noch friedlich, ein- und dieselbe Aggression bezeichnend, nebeneinander stehen. Und Hardcore-Punk meinte zu Beginn der Achtziger noch: je härter, desto mehr Hardcore, also rotziger als der Rest (Bands wie EXPLOITED, G.B.H. und ABRASSIVE WHEELS galten damals z. B. als Hardcore). Die Frage nach der Henne und dem Ei läßt sich in diesem Fall leicht beantworten: Punk war zuerst da, Hardcore folgte irgendwann – wann genau, anhand welchen genauen Ereignisses oder anhand welcher Band, läßt sich schwer rekonstruieren. Weder stimmt es, daß Punk Mitte der Achtziger erledigt und ausgesaugt war (der EXPLOITED-Slogan ›Punks not dead‹ ziert noch heute mahnend Häuserwände in aller Welt), noch konnte Hardcore je seine musikalische und inhaltliche Verbundenheit mit Punk völlig leugnen, weshalb die These, es habe einen prototypischen, dem Punk gegenüber völlig autonomen Hardcore-Stil gegeben, sehr anzweifelbar ist. Was den SEX PISTOLS in ihrer durchaus fragwürdigen (aber gerechtfertigten) Popularität gelang, nämlich ein Muster von Punk zu

EXPLOITED: *Punks Not Dead* LP (1981). Bis heute hält sich die Band an das Motto, daß Punk nicht tot ist.

erschaffen, ist einer sich selbst als Hardcore bezeichnenden oder als Hardcore verbuchten Band niemals gelungen.

Ian McKaye, MINOR THREAT-Sänger (später FUGAZI), von vielen Fanzines als Hardcore-Ikone und Wortführer benutzt, äußert sich entsprechend unbestimmt: »Deine Definition von Hardcore wird sicher eine andere sein als meine. Und so unterscheidet sich das je nach der Gegend, aus der einer kommt und je nach den Erwartungen, die einer an Hardcore stellt.«

Eine andere Schlüsselfigur, Henry Rollins, geht 1992 sogar mit seiner Behauptung, BLACK FLAG sei nie eine Hardcore-Band gewesen, so weit, den Begriff bzw. die Bewegung an sich als Erfindung von ›beschissenen Fanzines‹ darzustellen.

Ist Hardcore etwa ein Phantom, eine Musikrichtung, die es nie wirklich als solche gegeben hat, zumindest etwas, das viele der maßgeblich Beteiligten nicht (mehr) ohne Abstriche orten können oder wollen? Oder ist Hardcore gerade dadurch der einzig sinnvolle, weil flexible Sammelbegriff für unabhängige linke Rockmusik, in dessen Spannweite von CHUMBAWAMBA bis YUPPICIDE nicht mehr Stil, sondern ›attitude‹ zum Signifikant geworden ist?

Ausgehend von diesem an sich subversiven Nicht-Definiertsein, das weniger Mangel denn Independence bedeutet (stilistische Unabhängigkeit als ökonomische Verweigerung; Uneinteilbarkeit als Trend-Verweigerung), nimmt die ganze widersprüchliche Geschichte der Hardcore-Bewegung ihren Verlauf. Es ist die Geschichte einer Idee von Freiheit, die das Marketing einer auf Buntheit versessenen Kulturindustrie verkannte und darum im Lauf der Jahre – nicht als erste Subkultur – auch zu deren Objekt wurde.

Für MTV geschaffene Retorten-Bands wie RAGE AGAINST THE MACHINE sind das Ergebnis dessen, was die Hardcore-Legende MINUTEMEN bereits 1985 mit ihrem *Project Mersh* zynisch thematisierte: Jeder sich noch so radikal gebärdenden Subkultur ist im Zeitalter der ›United Colours‹ der Marktwert schon eingeimpft. Auf dem Cover waren drei Plattenbosse abgebildet, die mit den Worten ›We'll have them write hit songs!‹ MINUTEMEN auf einer Wandtafel als ›Total Sales Artists #2‹ verbuchen.

Hardcore und Punk musikalisch zu vergleichen, dabei Differenzen und stets gegenwärtige Verknüpfungen festzustellen, ist wesentlich einfacher als anhand beider Bewegungen eine Geschichte politischer Gegenkultur aufzuzeigen. Aber auch darum soll es hier gehen. Unsinnig, den einfachen Weg zu gehen und nur über Musik zu sprechen, wo doch ›it's more than music‹ nicht nur Hardcore-Wahlspruch wurde, sondern auch Nabelschnur, die für alle Zeit auf die libertäre Idee von Punk zurückverweist.

Gleichzeitig muß ich mich dafür entschuldigen, den Begriff ›links‹ meinerseits oft viel zu leichtfüßig zu gebrauchen. Wer oder was ist wirklich und bewußt links gewesen? – John Lydon schreibt in seiner Autobiographie *No Irish, No Blacks, No Dogs*: »Außer Sid war keiner der Pistols selbstzerstörerisch drauf – ganz im Gegenteil. Wir hatten die Absicht, das System zu zerstören, aber bestimmt nicht uns selbst.«

Dieser Satz, der einer der ganz wenigen in diesem mehr als 200 Seiten starken Buch ist, in dem es überhaupt diffus um Politik und ›System‹ geht, trifft die ablehnende Haltung des frühen Punk wohl ganz gut. Man kam aus einer miesen Gegend und hatte mit der Upper class nichts am Hut – links im eigentlichen Sinne ist das nicht gewesen. Auf dem Gang durch die Punk- und Hardcore-Geschichte, die dieses Buch unternimmt, wird klar, daß nur eine Handvoll Bands sich tatsächlich einer linken Terminologie bedienten; der Rest verschaffte sich einfach nur Platz gegen eine allgemeine, schwer lokalisierbare Unlust und eine als spießig empfundene Gesellschaft.

In Sachen Musik ist die Entwicklung von Punk zu Hardcore weniger spannend und originär, als es sich auf den ersten Blick darstellt. Der Weg von einer archaischen, radikalen Schlichtheit (Punk) zum ›melting pot‹, dem Sammelbecken von irgendwie – und immer nur: irgendwie – unter einer Idee laufenden Ansätzen/ästhetischen Vorstellungen, ist ein alter Hut. Es ist der Weg, auf dem Mersey Beat in Psychedelic Rock mündete, Punkrock (lange vor Hardcore) in New Wave. Die BEATLES sind diesen Weg gegangen. Und so sehr das *White Album* in Sachen Vielfalt, Konzeption, Bedachtheit und Unbestimmbarkeit rein stilistisch über ihre »Love Me Do«-Zeit hinausgeht, sind auch die obskur verschlungenen Werke von Psych-Bands wie SPOOKY

TOOTH, SOFT MACHINE, FAUST und THIRD EAR BAND letztlich entlaufene Kinder des Viervierteltakts. Bevor Hardcore also als Begriff überhaupt in den Fanzines und auf Platten auftauchte, sorgte schon die ständige Fehde zwischen Punk und New Wave für eine oft kleinlich-feindliche Spaltung in *Keine Experimente* und *Geräusche für die Achtziger*, wie es Ale Sexfeind (GOLDENE ZITRONEN/MOTION) an den Titeln zweier deutscher LP-Sampler festmacht: »Der Frontenkampf zwischen sogenannter Kunststudenten-Kacke und Musik für die Arbeiterbewegung.« Daß sich eine ursprünglich kompakte, einfache musikalische Struktur im Laufe der Zeit auflöst, der Dekonstruktion unterworfen wird, ist also nicht neu. Dem Blues ging es so, dem Jazz, dem Rock'n'Roll und dem Beat. Selbst an jüngeren Stilen wie HipHop und Technohouse ist längst eine ähnliche Ausdifferenzierung und ansteigende Komplexität zu erkennen.

Man vergleiche nur GRANDMASTER FLASH mit DE LA SOUL, Acidhouse mit APHEX TWIN. Jede naive, also scheinbar anfangs unreflektiert-spontane Bewegung bringt, so scheint es, eine oder mehrere Generation(en) mit sich, deren Arbeit Plünderung, Demontage, Zitat und also reflektierte Umsetzung in ihren Mittelpunkt stellt. Rob Wright von NOMEANSNO: »Unsere Lieder sind kein bißchen komplizierter als die der RAMONES. Aber distanzierter. Das macht den Unterschied aus.« Interessante und zugleich wichtige Randbemerkung: NOMEANSNO richten sich trotz des Hervorhebens eines Unterschiedes nicht gegen die RAMONES, haben sogar unter dem Namen THE HANSON BROTHERS eine komplette RAMONES-Tribut-LP aufgenommen. Psychedelic- und Art-Rock waren eine Ausdifferenzierung des Beat, nicht unmittelbar ablehnende Reaktion auf diesen. Bis hin zum durchkomponierten Fantasy-Rock der Siebziger (YES, GENESIS, GENTLE GIANT) handelt es sich um eine klar verlaufende Entwicklungslinie, Illusions-Effekte und musikalisches Können zu verdichten.

Erst mit dem Punk kam es zu einem wegweisenden Bruch, einem unmittelbaren Dagegen: Punk negierte eine Geschichte, an die seitdem anzuknüpfen unmöglich wurde, ohne in Anachronismus zu verfallen. Punk und New Wave haben eine so klare Absage gegen Rock als Traumfabrik geschaffen, daß Hardcore als Ausdifferenzierung von Punk immer der Gefahr ausgesetzt war, selbst wiederum in die Traumfabrik zurückzufallen.

Das Zitat von Rob Wright ist damit beinahe schon paradox: Ist es überhaupt möglich, gegenüber Punk, der in seinen besten Momenten maximal distanziert gewesen ist, selbst wiederum eine Distanz aufzubauen? – Gegenüber einer Band wie den RAMONES mag eine solche Distanz gelingen, da sie zum großen Teil selbst noch Party-Rock-'n'-Roller innerhalb der alten Rock-Ästhetik waren. (Heute allerdings hört Joey Ramone Free Jazz und nahm an einem *Tribute To John Cage*-Sampler teil – ohne jedoch auf RAMONES-Platten dem alten »Let's Go«-Stil untreu zu werden). Aber gelingt sie in bezug auf WIRE, auf GANG OF FOUR, auf Bands also, die selbst bereits höchst abgeklärt gearbeitet haben?

In manchen Fällen fielen musikalische Ausdifferenzierung und Komplexität jedoch weit hinter die Radikalität der ersten Generation zurück. Flea von den RED HOT CHILI PEPPERS gab beispielswiese *Entertainment* von GANG OF FOUR als größten Einfluß für seine eigene Band an. Die Musik der CHILI PEPPERS ist zwar gegenüber dem spröden Funk-Beat auf *Entertainment* ausdifferenzierter und technisch gekonnter, aber keineswegs reflektierter und konturierter. Obwohl die CHILI PEPPERS also diesen Einfluß angeben, besitzen sie inhaltlich und musikalisch nichts mehr von der Schärfe ihrer Vorbilder. Die knappen, ätzenden politischen Statements der GANG OF FOUR finden sich bei ihnen ebensowenig wieder wie das spröde, aufs Wesentliche reduzierte Gerüst, in dem die Musik von GANG OF FOUR funktionierte. Woran liegt das? Etwa daran, daß die CHILI PEP-

GANG OF FOUR: *Entertainment* LP (1979). Politischer, mit Wave und Funk durchsetzter Punk-Klassiker. Von »Politpunk« im herkömmlichen Sinne allerdings weit entfernt …

PERS immer einen Hang zu Rockertum und Entertainment (ohne Anführungszeichen) hatten? Oder daran, daß sie in der Generation nach Punk festhingen, in einer Zeit also, zu der eine gewisse Radikalität einfach schon unnachahmbar historisch geworden war? Wahrscheinlich sind eine Handvoll LPs (z. B. *Never Mind The Bollocks, Pink Flag, Entertainment*) tatsächlich so enorm weit gegangen, daß sie zu Stolpersteinen für kommende Generationen werden mußten.

Will man Hardcore (als Musik/Denken/Jugendkultur) überhaupt von Punk trennen, ist es sinnvoll, einige ganz und gar voreilig-pauschale Thesen aufzustellen, die in ihrer Brüchigkeit nicht nur zeigen, wie dünn das Eis ist, auf dem ich hier meine Bahnen ziehe, sondern wie ungenau und unbestimmt alles zu einer Frage zweier Generationen verschwimmt oder sogar die Entwicklung einer einzigen Generation dokumentiert, deren Viervierteltakt ins Schwanken geriet.

> Dirk [SLIME]: »Daß wir von der Bühne herab damit angefangen haben, dem Publikum zu erklären, wie es zu handeln und zu leben hätte, war für uns der eigentliche Beweggrund, SLIME erst einmal aufzulösen. Es war der Moment, an dem eigentlich alles der Punk-Idee widersprochen hat, der Idee, mit dem Publikum eine Einheit zu bilden, nicht von Oben nach Unten zu kommen. Inzwischen sind wir so weit, zu erkennen, daß SLIME höchstens ein Sprungbrett darstellen kann, keine Ideologie. Unsere Musik ist Emotion, die motiviert, in Antifa-Gruppen aktiv zu werden. Wir predigen das nicht mehr, sondern wir geben höchstens das Gefühl der Notwendigkeit.«

Hier also ein verknappter Fahrplan, woran man den Begriff Hardcore in Abgrenzung zu Punk aufzeigen kann:

1. Ausarbeiten und Formulieren eines über die Musik/Band hinausgehenden Polit-Konzepts; Einbinden der anarchischen Emotion von Punk in komplexe Gesellschaftstheorien. So gesehen wären quasi die englischen CRASS eine der ersten Hardcore-Bands, ihre fast manifestartige Arbeit lieferte dem diffus revoltierenden Punk erstmals eine Art Überbau. [Und dennoch oder gerade deshalb lebte diese Band auf einer Art Hippiefarm]. ›Gegen Sexismus, Rassismus und Kapitalismus‹ wird zum Dreigespann, auf dem Hardcore aufbaut, ganz gleich wie stark nun mit der autonomen Linken verwoben. Andere Selbstverständlichkeiten

[›gegen Drogen‹ im Straight Edge, ›gegen Tierversuche‹ etc.] bilden sich heraus, je mehr Hardcore in einzelne Sparten zerfällt.

Aber auch: Entpolitisierung vieler Bands und Fans nach der Erfahrung, wie sehr selbst Punk in den Achtzigern zum Runterbeten starrer Politfloskeln geworden ist; Versuch einer ›positiven‹ Gegenbewegung, die sich textlich nicht auf ein Anblöken gegen den ›Schweinestaat‹ reduzieren will. So paradox es erscheinen mag: In ihrer Gegensätzlichkeit waren beides Wege, sich von Punk abzugrenzen.

CRASS: *Penis Envy* LP (1981). Auch Punk kannte so etwas wie »Rockopern«: Konzeptalbum über die Unterdrückung der Frau, Pornographie und Sexismus in der westlichen Gesellschaft.

2. Ausweiten des vom Rock'n'Roll entlehnten Drei-Akkord-Schemas des Punk im Hardcore [was dann Ende der Achtziger zum oft wahllosen ›anything goes‹-Crossover führte, dessen grundsätzlich begrüßenswerte stilistische Öffnung auch eine Verwässerung mit sich brachte]. Sei es, wie schon sehr früh geschehen, durch ironische Zitate [Country-, Barjazz- und Surfrock-Demontagen bei den DEAD KENNEDYS] oder durch Hinzunahme von Funk-Elementen [MINUTEMEN] und Metal-Strukturen [BLACK FLAG, CRO MAGS u.v.m.].

Die Entwicklung der kalifornischen BLACK FLAG von 1978–86 zeigt wie keine andere Bandgeschichte exemplarisch den kontinuierlichen Abschied vom Punk: Sie haben als reine Punkband im PISTOLS-/BUZZCOCKS-Stil begonnen, entwickelten mehr und mehr einen schweren, depressiven Metal-Beat und endeten schließlich als komplexe, mit Jazz und Funk experimentierende ›Musiker‹-Band.

3. Allgemeine Bezeichnung für musikalische/textliche Verschärfung, z.B. Hardcore-Rap [PUBLIC ENEMY, ICE-T, BLADE u.a.], Hardcore-Pop [eine Wortgeburt in SWF III zugunsten von Prince], Hardcore-Techno, Hardcore-Jazz [John Zorn] usf. Dieser Ausdruck ist oft sehr problematisch; wird von gegenüber der strikt antisexistischen Hardcore-Bewe-

gung Unkundigen gerne dazu verwendet, sexistische Inhalte zu bezeichnen. Bekanntlich existierte Hardcore ja auch lange zuvor als ein Begriff aus der Pornobranche – eine Assoziation, die wohl noch immer in der Allgemeinheit vorrangig ist.

In seiner Offenheit, die Hardcore auf seinem Weg in die Neunziger erfuhr, in der Zersplitterung, die zu einer verwirrenden, für Außenstehende kaum mehr entschlüsselbaren Aufteilung in Substile oder Fusionen führte (Straight Edge, Emocore, Grindcore, Speedcore, Post Punk, Crossover etc.), stellt sich eine Szene immer wieder selbst in Frage.

1989 erzählt Armin Hoffmann von X-MIST, einem der ersten Hardcore-Labels in Deutschland, daß gerade in dieser Undefinierbarkeit eine Chance stecke: »Es gibt keine ›richtige‹ Entwicklung. Das Gute an dieser Szene ist, so lange sie so noch besteht, daß Entwicklungen nicht vorauszusehen sind. Ich konnte auch nicht voraussehen, daß es mal eine Band wie 2 BAD geben wird auf deutschem Niveau, oder international gesehen FUGAZI. Wer hätte damals gedacht, daß aus MINOR THREAT mal FUGAZI hervorgehen? Das ist das Positive, daß es immer innovativ bleibt.« Erst ein paar Jahre später, nachdem das hier als innovativ bezeichnete Undefinierte eine kommerzielle Ausschlachtung mit sich brachte und auch viele Bands sich als Hardcore bezeichneten, ohne damit irgendwelche politischen Hintergründe zu verbinden, vermehrten sich die Rufe gegen eine ins Beliebige führende, Radikalität verlierende Offenheit. »Ich will meine kleine intolerante Szene zurück« (*EN-PUNKT*-Fanzine, 1993), klagt Klaus N. Frick. Er sollte sie zurückbekommen. Hierzu mehr im Nachwort zum Thema Chaostage.

Fuck fashion
Zu den Klamotten gleich am Anfang

Wenn man John Lydon glauben kann, fing alles ganz banal an; hatte überhaupt nicht zur Absicht, Beginn einer ›Bewegung‹ zu sein. Kurz nachdem John, der auch mal lange Haare hatte, bei seinen Eltern rausgeflogen war, lebte er zusammen mit Sid Vicious und einigen Hippies in einer WG und berichtet in *No Irish, No Blacks, No Dogs*:

> »Nicht nur die Nachbarn hassen uns, die anderen Hausbesetzer auch, wegen unseres Aussehens – kurze, hochstehende Haare und alte Anzüge. Zu diesem Zeitpunkt fing Sid an, sich ein wenig mehr wie ich zu kleiden. Ich verpaßte ihm seinen ersten anständigen Haarschnitt, der später Punk-Mode wurde. Du hast dir im wahrsten Sinne Haarklumpen rausgeschnitten. Die Idee dahinter war, keine Form in deiner Frisur zu haben – sondern es schauerlich aussehen zu lassen. Das war der Anfang von der ganzen Sache.«

Die ›ganze Sache‹ endete in aufwendig gestylten Irokesenschnitten und mit Postkarten, wie man sie heute in jedem Londoner Souvenirladen kaufen kann. Noch vor dem Punk wird dort die Queen als Motiv an Attraktivität verlieren – darauf jede Wette!

Irokesenschnitte hatte es zur Zeit der SEX PISTOLS noch nicht gegeben. Die Clique der ersten Punks trat zerschlissen auf: Weil kein Geld für neue Klamotten da war, wurde aus der Not eine Tugend, nämlich ein Stil gemacht. (Den Malcolm McLaren und andere sehr schnell in Geld umzusetzen wußten.) Die Punks, von denen sich Hardcore schließlich Mitte der Achtziger absetzte, hatten dagegen ein ganz anderes Outfit.

Betrachtet man heute Photos von den klassischen Punkbands, also den PISTOLS, THE CLASH, WIRE und den STIFF LITTLE FINGERS, sehen die Beteiligten ziemlich propper und aus heutiger Sicht unspektakulär aus – weder übertriebenes Styling noch übertrieben zerfetzt. 1976 war man mit kurzen, selbstgeschnittenen Haaren schon eine Provokation.

X-RAY SPEX: *Live At The Roxy's* LP (1977). Sängerin Poly-Styrene zeigte, daß Punk sehr viel Sex Appeal haben, sich aber gleichzeitig auch über Schönheitsideale und Geschlechterrollen lustig machen konnte.

Übrigens: Die erste Punk-Generation war gar nicht, wie die bürgerliche Presse es gerne darstellte, bewußt häßlich und verdreckt, sondern sie hatte ganz schön viel Sex appeal (der Klamottenladen von Malcolm McLaren und Vivienne Westwood hieß nicht von ungefähr »Sex«). Dank ihres kreativen Umgangs mit Kleidung und Körper sahen die Punks oft sogar besser aus als der Rest der Gesellschaft. Das trifft in besonderem Maße auf die frühe New-York-Variante zu, zum Beispiel auf das transsexuelle Auftreten der NEW YORK DOLLS, das allerdings ein Kapitel für sich wäre. Was die Ungezwungenheit des Körperlichen anging, legte Johnny Rotten mehr Sex appeal als John Travolta an den Tag, Poly-Styrene mehr als Olivia Newton-John. Ein Sex appeal, das übrigens verschwand, als Punk mit seinen Nietengürteln und Irokesenfrisuren immer überstylter und phantasieloser wurde.

›Feierabend-Punk‹ ist schließlich, seit Punk sich immer mehr über Äußerlichkeiten präsentierte, Schmähbegriff für jene geworden, die eine Doppelexistenz führten, tagsüber in gewöhnlicher Kleidung eine gegenüber dem System angepaßte Existenz lebten bzw. einer geregelten Arbeit nachgingen, abends die Spraydose ansetzten und für ein paar Stunden den Anarcho spielten. In seiner Extremform jedoch (Iro, gefärbte Haare, Piercing, Tattoos) ist dem Punk eine solche Doppelexistenz fast unmöglich, während Hardcore-Anhänger kaum spezifisch antibürgerliche Merkmale zur Schau tragen. Die bunt bedruckten Band-T-Shirts, mögen sie auch aus Splatter-Motiven bestehen, unterscheiden sich auf den ersten Blick kaum vom farbenfrohen Boutiquen-Flitter. Kapuzenpullis und Militärhosen, letztere meist Bundeswehrbestand wie so manches Core-Accessoire (Schlafsack, Rucksack), dürften bei der Bevölkerung kaum ein Naserümpfen und Wechseln der Straßenseite hervorrufen.

Moses Arndt erinnert sich in *ZAP* #19 an die Anfangszeit 1984: »Hannover bringt jedoch auch eine Neuigkeit. Zwischen den zugesoffenen Nietenpunks bewegt sich eine kleine Gruppe Italiener, die völlig aus der Reihe fallen. Das beginnt bei ihrem Äußeren: Sie tragen keine Lederjacken und Spikes, sondern geschorene Schädel und bunte Stirntücher [kannte man von der SUICIDAL TENDENCIES-Platte], Armeejacken, Turnschuhe und normale Jeans. [...]
Das Outfit spielt plötzlich wieder eine große Rolle, allerdings auf eine andere Art und Weise als bei Punkrock. Man will nicht die Bürger erschrecken oder möglichst cool aussehen. Es dient lediglich dem Erkennen der eigenen Gruppe.«

Man kann fast schon von einer Tarnung sprechen, von subversivem Auftreten, das sich auf Erkennungsmerkmale beschränkt, die so wenig von alltäglicher Kleidung abweichen, daß ihr Spezifisches nur noch Eingeweihten erkennbar wird. Und doch können der Kapuzenpulli (gibt's in jedem Sportgeschäft) und das Halstuch (Stangenware) im Handumdrehen – etwa auf Demos – zur tatsächlichen Tarnung eingesetzt werden. Insofern folgt das scheinbürgerliche Auftreten dem Prinzip des Straßenkampfes, dem unerkannten »Brüllen, zertrümmern und weg« (SLIME), während Punk ein »Für immer Punk« (GOLDENE ZITRONEN) bedeutet, schillerndes Auftreten, durch das sich das Andere sofort als Anderes zu erkennen gibt. Und sich dadurch selbst ›findet‹ bzw. definiert.

Bequeme Straßenkleidung, die den Handlungsspielraum nicht einschränkt, ersetzt das aufwendige Styling der Punks. Man stellt nichts mehr zur Schau und glaubt damit wiederum, Punk als extreme Form von Modebewußtsein entlarvt zu haben. Gegen die Scheinaffirmation des Hardcore erscheint Punk als das, was auch weltweit daraus gemacht wurde: Exotismus, ideales Objekt für Modeplakate und Postkarten.

Gegenüber Punk (der dem *Spiegel* bereits 1978 eine Titelstory wert war) hatte Hardcore dadurch lange Zeit eine absolut geringe Medienattraktivität. Jugendliche, die eine extrem aggressive Musik hören und eine politische Einstellung haben, welche aus der Sicht bürgerlicher Medien ebenfalls als extrem eingestuft wird, sind durch ihre optische Neutralität als printwürdige Subkultur disqualifiziert. Lediglich bei Eskalationen, etwa im Rahmen des Häuserkampfes, zerrt die Kamera Personen an die Öffentlichkeit, die teilweise aus der Hardcore-Bewegung stammen, aber von der Presse nicht als solche eingeordnet werden.

Hardcore als subversiv-rebellische Bewegung blieb damit in der Öffentlichkeit lange Zeit ähnlich unerkannt und nicht aufgearbeitet wie die Gruppe der Situationisten in den Fünfzigern. Greil Marcus widmete dem von ihm konstruierten historischen Dreigespann Dada-Situationismus-Punk mit *Lipstick Traces* einen fünfhundert Seiten umfassenden Essay. Obwohl sich Malcolm McLaren beim Gründen der SEX PISTOLS auf die Situationistische Internationale beruft, entspricht weniger das kaputte, medienwirksame Auftreten der Punks, sondern später erst das codierte Auftreten von Hardcore dem verborgenen situationistischen Spiel.

Im *Spiegel* schließlich erscheint Hardcore erst 1993 ganz am Rande als musikalische Stilbezeichnung für Henry Rollins, nachdem das Wort – seiner komplexen geschichtlichen Bedeutung beraubt – längst schon von MTV inflationär für fast jede Form der härteren Musik gebraucht wird.

Die Kritik an einem solchen Outfit, das gegen destruktives Punk-Abgewracktsein positiven Kämpfergeist zu vermitteln versucht, liegt auf der Hand. In der Tat ist Hardcore-Outfit (und damit gleichzeitig Outfit der autonomen Linken) oft mit dem der Neonazis bis auf kleine, nur noch für Insider erkennbare Abweichungen deckungsgleich (z.B. kurzgeschorene Haare, Bomberjacke, Militärhose, DocMartens). Gegenüber Punk dominiert hier männlich geprägtes Partisanentum. Schon die ersten Oi!-Bands wußten, daß Punk-Outfit möglicherweise schockt, aber nicht unbedingt aggressiv rüberkommt: Gegenüber dem Bandphoto von RED

ALERT auf ihrer 83er *We've Got The Power*-LP möchte man Sid Vicious geradezu streicheln. Zahlreiche Oi!-Bands traten wie RED ALERT para-militärisch-martialisch, mit kurzgeschorenen Haaren auf und ließen die Punks mit ihren strubbeligen Haaren dem-gegenüber süß und harmlos aussehen. Abgesehen von bunten Halstüchern, Arm-bändern u. ä., ist die optische Abgrenzung, die Hardcore später gegenüber Punk vor-genommen hat, aus diesem Grund nicht eigentlich originell gewesen, denn sie ko-piert weitgehend das Outfit der im Zuge von Punk schon Ende der Siebziger popu-lären Oi/Skinhead-Bewegung, nun zugun-sten eines linken Militarismus der Uniform-mität abgewandelt. Ohrringe, Armbänder, Kopftücher und ähnlicher Flitter sind aller-dings längst auch unter Neonazis salonfä-higes, nicht ungewöhnliches Accessoire – die Verwirrung sozusagen komplett.

RED ALERT: *We've Got The Power* LP (1983). Das Outfit der Oi-Punks war unauffällig und dennoch aggressiv. Posen und Kleidung signalisieren, daß es sich hier nicht einfach um eine Band, sondern um eine Gang handelt.

Während der Demonstration gegen das Naziehepaar Müller und die Versammlung auf deren Gärtnereige-lände in Mainz-Gonsenheim, an der 1993 etwa 1000 AntifaschistInnen teilnahmen, fragte eine ältere Passantin verwirrt: »Seid ihr jetzt für oder gegen die Müllers?«

Auch dies gehört zur angesprochenen, Mißverständnisse in Kauf nehmenden Subversion: für Außenstehende nicht unbedingt als sol-cher decodierbarer linker Militarismus, der sich sowohl von Punk als demonstrativem Kaputtsein wie auch von der soften Hippie-Schiene abgrenzt.

Daß die Übergänge natürlich fließend sind, daß auf Hardcore-Kon-zerten wie auf antifaschistischen Aktionen Kurzgeschorene neben Lang-haarigen, Bomberjacken neben Batikhemden, Irokesenschnitte neben Baseballkappen zu sehen sind, ist dagegen eher ein Zeichen dafür, wie wenig die Linke sich de facto einer optischen Uniformität unterwerfen läßt.

Neben dieser optischen Transparenz rechter und linker Gruppen stellt sich ein weiteres Problem: Nicht jeder Skater ist Hardcore; nicht alle, die eine Baseballkappe tragen, sind Hardcore; weil einige Hardcore-Accessoires wie Skateboard, Converse-Turnschuhe und Baseballkappen nicht spezifisch sind, sondern Standards der Jugendkultur, fällt es – was mit Punk einst so kaum möglich war – auch solchen Jugendlichen nicht schwer, sich in die Hardcore-Szene einzuklinken, sich mit Hardcore als Stil zu identifizieren, die politisch eher zum gemäßigten Spektrum gehören bzw. sich über Themen wie Antifaschismus und Sexismus noch keinerlei Gedanken gemacht haben. Jugendliche also, die tatsächlich (noch) eine mehr oder weniger verdeckte Doppelexistenz führen.

Aber auch hierin sehen Hardcore-AktivistInnen eine ernstzunehmende Chance: Indem keine extrem von der Norm abweichende Kleiderordnung existiert, wird es einem im politischen Bewußtsein noch nicht gefestigten Jugendlichen leicht gemacht, an Hardcore-Konzerten teilzunehmen und damit schrittweise zu erfahren, welche politische Tragweite hinter dem Ganzen steht.

> Dirk [Slime]: »Es ist verdammt wichtig, mal raus zu kommen aus dieser Antifa-Gemeinde, weg von einem Publikum, das sich von der Bühne eh nur seine Bestätigung holt – weg von diesem Heimspiel. [...] Sind wir doch mal realistisch: Den Fünfzehnjährigen, der in seinem Plattenregal die Onkelz neben Slime stehen hat, gibt es mit Sicherheit, da brauchst du gar nicht groß suchen. Auch wir hatten mit Fünfzehn noch kein ausgeprägtes politisches Bewußtsein. Und doch kann ich nicht sagen, daß dieser Typ verloren sei. Da ist noch alles möglich. Und es ist wichtig, die bessere Möglichkeit zu geben.«

Damit es nicht nach Verschwörungstheorie klingt: Die hier aufgezeichnete subversive Chance ist Folge der Abgrenzung von den Punks gewesen, aber keineswegs von Anfang an durchdacht oder gar geplant. Hier wurde eine Entscheidung getroffen, die dem Müll-Outfit etwas Positives entgegensetzte, dem rein extrovertierten ein auf Inhalte bezogenes Anderssein vorzog. Hardcore war anfangs, wie Andreas, Ex-Sänger der Stuttgarter Band Sharon Tate's Children es beschreibt, »Punk ohne

Müll und Syph«. Eine neue Ästhetik, die den Punks zu erkennen gab, daß eine auf Äußerlichkeiten aufgebaute Gegenkultur nur der Widerschein dessen ist, was abzulehnen sie vorgibt, Negativprojektion der auf Schein aufbauenden Gesellschaft.

Ian MacKaye [Minor Threat/Fugazi]: »Ich bin mir darüber bewußt, daß ich mit meinem Äußeren nicht viel, zumindest keine Inhalte demonstrieren kann. Und weil es mir um Inhalte geht, verschwende ich kaum Zeit für meine Kleidung und mein Aussehen.«

Georg Simmel ging davon aus, daß Moden immer Klassenmoden sind, »daß die Moden der höheren Schicht sich von der der tieferen unterscheiden und in dem Augenblick verlassen werden, in dem diese letztere sich anzueignen beginnt«.[1] Eine These, die so im Spätkapitalismus nicht mehr stimmt, wo die Jeans als ursprüngliche Arbeiterhose ohne Klassenunterschiede getragen wird und gewisse Punk-Bestandteile, wie zum Beispiel zerrissene Hosen, in die Mode Einzug hielten.

Dennoch wollte Punk (und noch viel stärker die Oi/Skinhead-Bewegung) Klassenzugehörigkeit zeigen, sei es diejenige der arbeitslosen Outlaws oder eines stolz zur Schau getragenen Proletariats. Damit wurden auch solche regressiven Stereotypen des Proletariats übernommen und ins Extrem überzogen, die stets ganz im Sinne der herrschenden Klasse gewesen sind: Abneigung gegenüber Bildung und Intellekt, Alkoholismus, Bandenkämpfe und sexistisches Vokabular.

Mit dem Song »We know how to live« hat die britische Oi-Band Cock Sparrer noch 1993 sämtliche Platitüden scheinbarer proletarischer Selbstbestimmung aufgelistet – vom schnellen Sex bis zum Komasaufen. Hier löscht der Stolz auf ein von Unterdrückung geprägtes Verhalten auch den entferntesten Gedanken an Klassenkampf aus.

Obwohl Punk im Gegensatz zur Oi-Bewegung »grundsätzlich links« (Campino/Die Toten Hosen) geprägt war, empfanden viele Nachwachsende die Bewegung Mitte der Achtziger als theoriefeindlich, die Gesellschaft nicht analysierend, sondern sich hauptsächlich durch Äußerlichkeit abgrenzend, was weder zur eigenen Entwicklung noch zu einer Veränderung der Gesellschaft beitragen konnte.

Grob gesehen begann so der nie völlig unüberquerbar gewesene Graben zwischen Hardcore und Punk, der heute an vielen Stellen wieder zugeschüttet ist. Bis am Ende auch Hardcore, der einmal als Abgrenzung gegenüber Modepunks entstand, für viele eine absolut modische Erscheinung geworden ist.

Harley Flanagan, Sänger der CRO-MAGS, äußerte sich diesbezüglich bereits 1990 im britischen Fanzine *Sold Out* ziemlich resigniert:

> »Wenn die Leute älter werden, bleiben sie in einem bestimmten Trott hängen, aber während wir jünger sind, haben wir die Möglichkeit, unsere Gehirne für etwas Produktiveres zu nutzen, als nur modebewußt zu sein, und das ist die Richtung, in die ich Hardcore sich entwickeln sehe. Es ist mehr eine Modenschau als irgendetwas anderes.«

Wird hier eine am Punk kritisierte Tendenz wiederholt? Hieß es nicht schon bei EXPLOITED, als ewige Vorzeige-Punks und Mode-Clowns verrufen: »Fuck fashion«? – Ironie der Geschichte.

Middle Class Fantasies

Soundtrack für die Einfamilienhäuser
Gegen Sexismus, gegen Rassismus, männlich und weiß

Zum Verständnis dieses Kapitels stellt sich erst einmal die Frage: Wo waren Punk und Hardcore wann, und in welcher Art und Weise waren sie politisch motiviert? Dies erfordert je nach Land und Jahr eine so ausdifferenzierte Betrachtung, daß ich hier nur sehr verkürzt Tendenzen nachzeichnen kann, die allerdings wichtige Einzelphänomene unberücksichtigt lassen.

Nahezu der komplette folgende Text bezieht sich auf die Entwicklung in Deutschland. Wie in keinem anderen Land waren hier sowohl Punk wie Hardcore mit der autonomen Linken gekoppelt. Die frühen, bedeutenden deutschen Punkbands waren höchst politisch (VORKRIEGSJUGEND, SLIME, RAZZIA, CHAOS Z, TOXOPLASMA etc.) bis hin zu einer Verhärtung in Sachen Ausschließlichkeit, die ziemlich humorlos gewesen ist. Alles galt dem Gestus einer Radikalisierung von z.B. TON, STEINE, SCHERBEN gegen Bullen, Staat und Justiz. Ästhetisch vollzog sich damit auch eine Abwendung von der Öko- und Friedensbewegung, obwohl sowohl Ökos wie auch Punks in Wackersdorf und an der Startbahn West nebeneinander standen; inhaltlich war man also doch gar nicht so weit voneinander entfernt: Franz Josef Degenhardt und das SOGENANNTE LINKSRADIKALE BLASORCHESTER argumentierten in einem ähnlichen Rahmen wie SLIME.

Abgesehen von einem völlig anderen Auftreten und einer wesentlich härteren Musik, hatte Punk in der BRD die alte Linke zwar radikalisiert, kämpfte aber doch neben und mit ihr für eine ›gemeinsame

Sache‹. Neue Akzente brachten ganz andere Bands, FSK beispielsweise, THE WIRTSCHAFTSWUNDER, S.Y.P.H. und DIE TÖDLICHE DORIS, all die Extremisten, die gerne der ›Neuen Deutschen Welle‹ zugeordnet wurden, ohne doch wirklich etwas mit NENA und Co. gemeinsam gehabt zu haben: In ihrer Ausdrucksweise, die gleichzeitig auch Absage gegenüber alten Gesellschaftsutopien gewesen ist, sind sie oft weiter gegangen als die Politpunks, waren musikalisch und inhaltlich auf ganzer Linie ›moderner‹. Die subversive Qualität solcher Bands, die gerade vermeiden wollten, das Vokabular der Utopisten von gestern neu aufzukochen, wurde jedoch häufig nicht wahrgenommen oder aber einfach ignoriert: Die Politpunks sahen darin nur suspekte Studentenscheiße; die Friedensbewegung witterte zum Teil sogar Faschismus, weil sie die Ironie von Slogans wie »Zurück zum Beton« (S.Y.P.H.) nicht verstehen konnte.

Man muß sich also vor Augen halten, daß gerade in Deutschland die Politisierung der Szene eine zentrale Rolle spielte und daß auch Hardcore Mitte der Achtziger politisch motiviert auf Punk reagierte: sei es, daß der Antifaschismus des Politpunk als zu floskelhaft und undifferenziert abgelehnt wurde, aber auch, daß Punk auf der anderen Seite von abgewrackten Alkoholikern und Biercombos bestimmt wurde.

Ganz anders in England und Amerika. Über die politische Motivation der ersten Punk-Generation in Großbritannien könnte man Anthologien füllen, so wenig läßt sich dies unter einem Schlagwort fassen. Im Kontext der deutschen Autonomen standen lediglich CRASS; GANG OF FOUR und THE POP GROUP bildeten eine weitere Ausnahme, da sie ihr Polit-Konzept ausdifferenzierter und hintergründiger in Szene setzten, als je eine deutschsprachige Band das konnte (abgesehen vielleicht von den GOLDENEN ZITRONEN seit *Das bißchen Totschlag*, die sich Mitte der Neunziger an solche Vorbilder zu erinnern begannen). Ansonsten reichte die Palette von Situationismus (zumindest McLaren sah das so), anarchischer, über den Kontext der traditionellen Linken hinausgehender Destruktion (SEX PISTOLS) über Working-Class-Postulate (ANGELIC UPSTARTS, SHAM 69), rotziges Rock-'n'-Roll-Spektakel (SLAUGHTER & THE DOGS), kommunistisch gefärbtem Agit Prop (THE CLASH) und puren Nonsens (DAMNED) bis hin zu analytisch unterkühlter Distanz (WIRE).

Nach diesem nie eindeutig politisch übergreifend bestimmbaren Gestus von Punk/Wave in England folgte eine Zeit des bloßen, träumerischen Ästhetizismus, getragen durch New Romantics, erste Anzeichen für Gothic-Rock, Blütezeit des Synthie-Pop (SOFT CELL, ULTRAVOX, YAZOO, CULTURE CLUB u. a.) und Gitarrenrock. Erst wieder während des Höhepunktes des Thatcherismus in der zweiten Hälfte der Achtziger kam es zu einer erneuten Politisierung, zu Bands in CRASS-Tradition und -Umfeld (CITIZEN FISH, THATCHER ON ACID, SCHWARTZENEGGAR) und Grindcore – Phänomene, die man sich allerdings nicht mehr als eine nach außen hin besonders wirksame Jugendkultur denken darf. Nachdem längst alles in Sparten zersplittert war, blieben diese Politbands kaum beachtet im großen Fluß von Rave, Gitarrenpop, Techno, EBM, Crossover, Melodiepunk, Death Metal und Darkwave.

Noch bescheidener nimmt sich die politische Tragweite des Punk in Amerika aus: Man muß sich klarmachen, daß eine der politisiertesten Bands Amerikas, die DEAD KENNEDYS, ganz anders verfahren als die SEX PISTOLS auf der einen, SLIME auf der anderen Seite. Unter Ronald Reagan wird das, was Sänger Jello Biafra einfordert, zur rein demokratischen Notwendigkeit: Pluralismus, Demokratisierung, Meinungsfreiheit und Abrüstung sind die Themen der DEAD KENNEDYS, weder Anarchie noch Stadtguerilla. Unter der Fuchtel des Zensors bleibt, was Biafra formuliert, ein Einklagen der Bürgerrechte, eine nicht einmal punkspezifische Radikalität, sondern ein spartenübergreifendes Miteinander, Seite an Seite beispielsweise mit anderen von der Zensur geplagten Künstlern wie Frank Zappa und Robert Mapplethorpe. – Solange noch nicht einmal die Demokratie eingelöst sei, sagte Biafra in einem Interview, müsse man zuallererst um sie kämpfen.

Nicht unerheblich ist in diesem Zusammenhang, daß die punkintern enorme Popularität der DEAD KENNEDYS ein europäisches, insbesondere deutsches Phänomen ist. Kaum einer, der hierzulande nicht durch *In God We Trust* (1981) elektrisiert wurde. Unterhält man sich mit amerikanischen Bands, ist von dieser Euphorie wenig zu spüren. Die Underground-History *Rock And The Pop Narcotic* (1990) von Joe Carducci legt beispielsweise allen Punk-Ruhm BLACK FLAG in die Wiege. Das mag ein bißchen persönlich bestimmt sein (Carducci arbeitete bei SST Records);

DEAD KENNEDYS: Collage von Jello Biafra. Das umfangreiche Beiheft zur LP *Plastic Surgery Desaster* war mindestens so wichtig wie die Musik – so zumindest sah es das »Edutainment«-Konzept von Biafra vor.

daß die DEAD KENNEDYS dort unter ›ferner liefen‹ rangieren, spricht allerdings für (oder gegen) sich. Am populärsten sind sie nach wie vor in ihrer Heimatstadt San Francisco, eine der wenigen US-amerikanischen Städte, die auf eine lange Tradition politisierter Popkultur zurückblicken kann.

Obwohl es also auch in den USA ganz vereinzelt linke Punk- und Hardcorebands gibt (z. B. CHRIST ON A CRUTCH, NAUSEA), bleibt die Bewegung dort größtenteils privates Einfordern von Spaß, Individualität und Selbstverwirklichung. Der Agit-Aspekt früher Punk- und Hardcore-Bands in Amerika (CIRCLE JERKS, BLACK FLAG, AGENT ORANGE, MISSION OF BURMA, HÜSKER DÜ, SEVEN SECONDS, MISFITS) ist verschwindend gering, was aber nicht heißen soll, daß nicht auch hier Formen gefunden wurden, gegen den Reagan-Ungeist den Verlust von Freiheit bzw. Eigentlichkeit einzuklagen. Dies funktionierte jedoch häufig auf einer rein ästhetischen Basis – man höre sich nur an, *wie* Henry Rollins »I'm wasted« schreit und *wie* sich der Name »Diane« im Mund von Bob Mould verformt. Schon die Art des Ausdrucks markiert hier eine Verweigerungshaltung.

Doch nun zum eigentlichen Text – der Frage, ob es sich bei Punk und Hardcore, ganz gleich in welchem Land, in erster Linie um das handelte, wonach sich eine Frankfurter Punkband benannte: um MIDDLE CLASS FANTASIES.

»Die BRD-Linke«, heißt es im Text *Drei zu eins* von Klaus Viehmann, »ist privilegiert: je männlicher und je weißer und je weniger auf den Verkauf von Arbeitskraft angewiesen, desto mehr. Privilegien machen blind. Blind für Wirklichkeiten außerhalb der eigenen Erfahrungen und gängigen Bewußtheiten. So müssen Typen vieles erst von feministischen Genossinnen lernen, und alle ähnlich viel aus Texten von Schwarzen.«[2]

Dieses Urteil trifft ganz und gar auf die Punk/Hardcore-Bewegung (über die BRD hinaus) zu. Ob man, wie *Drei zu eins* fordert, von den Minderheiten lernen muß oder überhaupt das eigene Privileg überwinden kann, oder ob dieses Privileg nicht vielmehr aus sich selbst heraus erkannt und umgeformt werden muß, sei dahingestellt; fest steht jedoch die Bestandsaufnahme: Von sozial Benachteiligten werden in der Regel weder die Linke noch die Punk/Hardcore-Bewegung getragen.

Aufgrund der martialisch harten, Gewalt als Möglichkeit oder zumindest als künstlerisches Mittel propagierenden Musik sind Punk/Hardcore bis heute eine Männerdomäne geblieben (nein, ich will keine Geschlechterklischees aufbauen, aber die Szene selbst zimmert gerne diese Klischees durch Mythen vom Krieger und Straßenkämpfer): Musikerinnen sind leider ebenso selten wie Frauen im Publikum. Dennoch ist natürlich Vorsicht angesagt, den Anteil an Frauen innerhalb einer musikalischen Szene als Garant verwirklichter Emanzipation zu deuten. Den höchsten Anteil an Musikerinnen findet man noch immer in der marktorientierten Popmusik, nicht jedoch, weil dort die Künstlerin als solche akzeptiert und also selbstbestimmt zu arbeiten frei wäre, sondern weil Pop als Transfiguration gesellschaftlicher, männlich geprägter Wunschvorstellung sich der gutaussehenden Frau als Objekt der Begierde bedient.

Eine Ausnahme bildet – mit Abstrichen – die in den Achtzigern aus Punk hervorgegangene, musikalisch weniger martialische Independent-Szene: Hier finden wir einen vergleichsweise hohen Anteil an selbstbestimmt arbeitenden Frauen (z. B. bei SONIC YOUTH, PIXIES, BREEDERS, SUGARCUBES, THROWING MUSES, THIS MORTAL COIL, LUSH, HOLE, YO LA TENGO, WALKABOUTS u. a.).

Im Schnittpunkt zwischen feministischer Selbstbestimmung und Rolle als Sexsymbol bewegt sich beispielsweise die von Madonna faszinierte Kim Gordon, Musikerin bei SONIC YOUTH. Ihre offensive Beschreibung weiblicher Sexualität, ihr Zur-Schau-Stellen weiblicher Lust, weiß von der eigenen Stellung als Pop-Objekt der Begierde und ironisiert diese Rolle durch maßlose Übertreibung. »Pacific coast highway« auf der 1987 erschienenen SONIC YOUTH-LP *Sister* (von Kim Gordon ungeheuer ekstatisch und hingebungsvoll gesungen) kann beispielsweise als Song gehört werden, der das Besitzergreifende einer vom Patriarchat geprägten Sexualität nur widerspiegelt, oder aber als Song, der genau dies umkippen läßt und dem Mann all seine gewollte Macht über die Frau entzieht:

> »Com'on get in the car
> Lets go for a ride somewhere
> I won't hurt you
> as much as you've hurt me
> Let me take you there
> before the sun goes down
> comon give me your love
> comon baby all you have
> take my breath away.«

Daß die Filme des New Yorker Regisseurs Richard Kern, der mit Lydia Lunch als Schauspielerin und SONIC YOUTH als Soundtrack-Lieferanten zusammenarbeitet, bei ihrer Vorführung in Deutschland 1991 von Feministinnen mit Farbbeuteln angegriffen wurden, hat seine Ursache in genau dem provozierten Mißverhältnis, aus dem heraus hier Emanzipation sich dadurch formuliert, die einst von Männern entwickelte Hardcore-Pornographie zugunsten der Frauen umzukehren (Frauen als Vergewaltigerinnen, dominant und zu jeglicher Gewalt bereit).

Wie schräg es um die Aufbereitung des Geschlechterkampfes im amerikanischen Underground-Film und -Rock bestellt war, läßt sich jedoch weniger an Sonic Youth und Lydia Lunch festmachen (die sehr wohl eine ganz spezifische feministische Ästhetik entwickelt haben), sondern eher daran, wie im Zuge der Riot Grrrl-Bewegung gerade jene Frauenbands – zum Beispiel L7 – von den Medien gefeiert wurden, die am wenigsten feministische Inhalte vertraten. Daß es sich bei L7 um Frauen handelte, die von Motorrädern und Whiskey, also dem harten Leben auf der Straße sangen, grenzten männliche Journalisten als emanzipatorische Leistung lobend vom defensiven Mauerblümchendasein in Joan-Baez-Tradition ab, ohne auch nur für einen kurzen Moment zu begreifen,

BIKINI KILL: *Same* LP (1991). Mehr als 15 Jahre sollte es dauern, bis nicht nur vereinzelt Frauen im Punk auftauchten, sondern mit den Riot Grrrls eine ganze Bewegung gegen die männliche Vorherrschaft mobil machte.

daß hier die Frau in den zerschlissenen Jeans als reine Nachahmung des männlichen Survival-Rock sämtliche Selbstbestimmung zugunsten bloßer, unreflektierter Vertauschung der Geschlechterrolle aufgegeben hatte.

Parallel zu solchen eher kommerziellen Erscheinungen der Riot Grrrls haben sich in den USA um 1995 jedoch auch Frauenbands gegründet, die Punk als Plattform für ihre Inhalte zu nutzen verstanden. Deren undogmatischer, ganz und gar nicht steifer Feminismus und ihr Bekenntnis zur lesbischen Liebe wurde jedoch von der (männlich dominierten) Presse – zumindest in Deutschland – kaum gefeatured. Team Dresh, Bikini Kill, Tribe 8 und so manche »Girl«-Band mehr setzten Punk für ihre Sache ein – beinahe dreißig Jahre hatte es damit also gedauert, bis innerhalb des Punk eine ausgesprochene, von männlichen Machern unabhängige Frauenbewegung entstehen sollte, die alleine aufgrund der neuen Themen und des Auftretens der Musikerinnen ungemein frisch wirkte. »Queercore« entwickelte sich in jeglicher Hinsicht ziemlich spät und wurde von den kommerziellen Medien gerne beiläufig abgetan. Mag beispielsweise die schwule Punkband Pansy Division ein wenig unoriginell nach Melodiepunk à la NOFX klingen, so hat sie doch zumindest mit ihren »buttfuck«-lyrics inhaltlich neue Akzente gesetzt, die zu setzen eine Band wie NOFX völlig unfähig wäre.

Im frühen Punk hat es neben wenigen Ausnahmen (etwa X-Ray Spex, Hans-A-Plast, Penetration) kaum nennenswerte, von Frauen geleitete Bands gegeben. Tony Parsons deliriert 1994 im *Spiegel*-Spezial *Pop und Politik*, daß sich durch Punk zum ersten Mal in der Geschichte des Rock'n'Roll »eine Menge Mädchen auf die Bühne wagten«. Wo auch immer er sie gesehen haben mag, diese Mädchen: Musikerinnen können es nicht gewesen sein. Im Gegenteil: Durch Punk wurde Rockmusik plötzlich wieder Männerdomäne, wie sie es in diesem Ausmaß lange nicht gewesen war. In den verschiedensten Hippie-, Psychedelic- und Folkgruppen gab es sehr viel mehr Frauen, die oft auch innerhalb der Band eine exponierte Stellung hatten. Erinnert sei an Janis Joplin, Joni Mitchell, Jefferson Airplane, Amon Düül, Curved Air, The Mamas & Papas u.v.m., aber auch an Kate Bush, die vergleichsweise enorm selbstbestimmt arbeitete, sich ihre Musiker selbst aussuchte, selbst produzierte etc.

Tatsächlich intelligente, teilweise feministisch geprägte weibliche Auseinandersetzung mit dieser Gesellschaft und der eigenen Rolle als Künstlerin, brachte eher die als New Wave umschriebene Musik im Umfeld von Punk mit sich (Laurie Anderson, Slits, Liliput, Young Marble Giants, Nina Hagen u.a.). Liegt dies nur daran, daß Punk mit seiner Aggressivität und seinen Emblemen deutlich von Männern geprägt war, oder aber doch an einer latent frauenfeindlichen Haltung? Diese Frage ist schwer zu beantworten – für mich als Mann sowieso.

Es gibt eine sehr provozierende, haarige Stelle im *Der Plan*-Buch von Moritz R., die eine Seite – die männliche – zu diesem Thema wiedergibt:

»Gender-phänomenologisch war Punk ein Aufbegehren männlicher Jugendlicher gegen das weibliche Element, das die Subkultur der siebziger Jahre mehr und mehr dominiert hatte; ein Ausbruch zorniger junger Männer gegen die repressive neue Mütterlichkeit der WG-Gesellschaft und gegen das Hippietum. In einer Epoche der sich auflösenden

Formen gab es wieder Sehnsucht nach scharfen Konturen. Ein Kampf des apollinisch-männlichen Prinzips gegen das chthonisch-weibliche, wie die amerikanische Psychologin Camille Paglia sagen würde.«

Na ja ... Eine andere Variante ist die, daß Punk ›gender-phänomenologisch‹, wie sich Moritz R. ausdrückt, als erste Subkultur die Geschlechterfrage zumindest über Bord zu werfen versuchte. Punk grenzte sich ab gegen die naive Thematisierung von Liebe und Sex in den Siebzigern: vom billigen Dirndlfilm über Teenager-Serien wie *Eis am Stiel* bis zu den Musikstreifen mit John Travolta. Alles klappte dort wie am Schnürchen, Männer und Frauen waren allzeit geil und willig. Allesamt waren die Frauen schön, die Männer ein bißchen

T-Shirt-Motiv von Vivienne Westwood: Sex spielte im Punk sehr wohl eine Rolle, aber jenseits der Norm und Herrenmagazin-Ästhetik – und mit einer gehörigen Portion Ironie versehen.

weniger. *Pink Flag*, die erste LP von WIRE, setzte dem eine komplette Demontage der ›falschen‹ Liebe entgegen, benannte die völlige Entfremdung.

> »It's true darling, I'll walk home, I'll be your date forever,
> I love you, girl, I love you, until they split the atom, so many times,
> there's nothing left, there's nothing left at all, I know I'm right,
> 'cos when you're gone, there's nothing left at all, left right, salute.«
> [Brazil]

Punk war zwar völlig vulgär sexualisiert – alleine die ganzen ›Fucks‹ in Songzeilen und Ansagen –, hatte aber keinen Gestus der Anmache, hatte keine Aura knisternder Erotik, weder die der süßen Stars (BAY CITY ROLLERS, Leif Garrett), noch die verwegener Lebemänner (Leonard Cohen) oder ›Kerls‹ (Mick Jagger). Alles an Punk schien darauf abzuzielen, in einem großen zynischen Rundumschlag zu zeigen, daß die in den Siebzigern postulierte ›freie Liebe‹ selbst Teil des Programms zur Verdummung und Einschläferung gewesen sei – Teil einer pornographisierten Warengesellschaft.

Weder Männer noch Frauen waren im Punk noch offenkundiges Lustobjekt (und haben gerade deshalb, wie ich bereits im vorigen Kapitel erwähnt habe, gewissermaßen besser ausgesehen). In diesem Sinne war Punk emanzipatorisch, wenn auch der Umgang mit dem eigenen Geschlecht am Einzelfall festgemacht werden muß. Die dümmste Begründung allerdings (und sie wurde oft genannt), weshalb Punk für Frauen attraktiv gewesen sei, spricht von der Einfachheit der Musik. Das kann wirklich nur aus Männerhirnen gekrochen sein.

Innerhalb der Hardcore-Szene, die sich während der Achtziger entwickelte, wurde Feminismus schließlich häufig diskutiert, war aber auch hier fast nie Inhalt der meist von Männern vorgetragenen Songtexte, geschweige denn, daß vermehrt Musikerinnen aufgetreten wären, um die Unterdrückung von Frauen zu thematisieren. Gruppen wie ARM aus Hamburg sind da eine absolute Ausnahme. In bestechend einfachen Texten (was womöglich an der fremden Sprache liegt) schildert Sängerin Danielle ihre Ängste vor den Männern (»Penetration«) sowie die entwürdigende Situation der Frau: auf ihr Geschlecht reduziert, nur noch in der Preisgabe als ›Subjekt‹ betrachtet und anerkannt zu sein.

»And tonight is wedding night
and his blood is hot
he's gonna make her
somebody
he rips off her clothes
and makes her
somebody
She's gonna be someone
cause he makes her
She's gonna be someone
cause he fucks her«
[»She's Gonna Be Someone«, auf *It's A Kind Of War*, 1989]

Dieser Text wirkt in seiner Direktheit trivial und macht doch in wenigen Sätzen – gerade durch das geschickte Nebeneinander der Begriffe ›somebody‹ und ›someone‹ – klar, wie sehr die in unserer Gesellschaft zum Objekt geschrumpfte Frau über ihren Körper noch in der größten Erniedrigung zum Subjekt erklärt wird oder sich gar selbst nur noch über diesen Akt als Subjekt begreifen kann: ›someone‹ bleibt dabei immer ›some body‹.

Und doch stießen ARM durch ihre komplexe, von Breaks durchzogene, an Jazzcore-Bands wie VICTIMS FAMILY und GONE orientierte Musik innerhalb der Hardcore-Szene oft auf Ablehnung. Witte von den NOISE ANNOYS sagt 1990 in einem ZAP-Interview: »Musik muß aus dem Bauch kommen. Gerade viele deutsche Bands machen zuviel mit dem Kopf, ARM zum Beispiel« – ein Statement, mit dem er nicht alleine steht.

Wie auch immer man die Musik von ARM bewertet: Über diesen viel strapazierten Kopf/Bauch-Konflikt hinaus muß man anerkennen, daß solche Texte auch im Hardcore eine absolute Seltenheit darstellen. Häufiger gab es Widerstand gegen Sexismus innerhalb der eigenen Szene (u. a. gegen den Bandnamen RAPEMAN, gegen ein Plattencover von NOFX und gegen den Song »So Sexist« von CHEMICAL PEOPLE) als diese Szene wiederum fähig war, ernsthaft antisexistische Inhalte zu vermitteln.

Am Ende bleibt allemal die Frage offen, ob ARM (Frau als Opfer) und Lydia Lunch (die offensiv fordernde Frau) nicht möglicherweise dasselbe wollen und es nur durch eine andere Herangehensweise einfordern. Oder aber, ob der Text von ARM sich vielleicht doch einer sehr eindimensionalen Unterdrückungstheorie bedient, die darauf hinausläuft, Sexualität zwischen den Geschlechtern per se abzulehnen. Ebensowenig läßt sich endgültig klären, ob die Namensgebung von RAPEMAN pubertäre Dummheit gewesen ist, widerspenstiges Punk-Gehabe oder trotzige Reaktion auf einen sich antisexistisch nennenden Puritanismus.

Punk war in erster Linie daran interessiert, jegliche Tabus zu brechen. Unter diesem Aspekt gesehen, wäre RAPEMAN als Namensgebung eine typische Punk-Geste. Aus sich selbst heraus klaffen Ästhetik und Attitude oft auseinander, können nicht miteinander gleichgesetzt werden, sondern müssen häufig sogar spiegelbildlich gelesen werden (Totenschädel auf einem Plattencover meinen ja z. B. nicht in jedem Fall ›Hach, Totsein ist schön‹): Punk und Hardcore sind im wesentlichen gegen Sexismus ausgerichtet, als Reaktion auf die liebestrunkene Love & Peace-Bewegung stellenweise sogar tendenziell gegen Sex. Zugleich will Punk aber auch Lust, eine andere, nicht von Werbung vorgegebene Form des intensiven Erlebens.

Um diese Ablehnung kenntlich zu machen, benötigt Punk aus seiner eigenen Ästhetik heraus die krasse, negativ überzeichnete Darstellung von veräußerlichter Sexualität. Demnach steht Lydia Lunch also eher in Punk-Tradition als ARM und ist gerade deshalb so kontrovers, weil sie sich traditionellen Unterdrückungstheorien nicht beugt, sondern im Einfordern von Lust einer Selbstverwirklichung näher ist als aller weinerliche Rückzug.

Punk/Hardcore ist größtenteils Männerdomäne gewesen, aber im Gegensatz zu anderen Formen der Rockmusik (z. B. Heavy Metal) zumindest weniger anfällig gegenüber machohaften Männerphantasien.

Dasselbe läßt sich in Sachen Rassismus sagen: Es ist weiße, aber antirassistische Musik. Dennoch: HipHop und Hardcore, also schwarze und weiße Protestmusik, standen sich ursprünglich möglicherweise mit Sympathie, aber auch großer Distanz gegenüber. Abgesehen von den BAD BRAINS, jener einzigartigen Fusion aus Core und Reggae, hat es weder eine ausschließlich schwarze Punk/Hardcore-Band gegeben noch ein Interesse von Seiten der Afroamerikaner, an dieser milieuverhafteten Gegenkultur des weißen Mittelstands teilzunehmen. (Zu Jean Beauvoir mit seinem Irokesenschnitt in der Retortenband PLASMATICS will ich hier lieber schweigen).

Obwohl Punk, wie Diedrich Diederichsen schreibt, »immer deutlich ›links‹ codiert« war, sprechen seiner Ansicht nach bereits ästhetische Kriterien dafür, daß er »für Rechtsradikale co-optierbar war«:

»Der ästhetische Grund ist tatsächlich der Verzicht auf afro-amerikanische Elemente in der Musik. Man konnte zu Bands der zweiten Generation wie Sham 69 grölen wie ein gewalttätiger Mob, man konnte den unfunky Körper intakt lassen und ganz Gesinnung werden, man konnte martialisch sein, denn keine Synkope untergrub den tumben, ewigen Vierviertel-Takt des Ressentiments. Das bloße Gefühl der Kollektivität in Massensituationen, die auf Bestätigung und Konformität aufbauen, ist tatsächlich das Gegenteil der aktiven, auf Austausch aufbauenden Kollektivität jeder afro-amerikanischen Musik.« [*konkret* 6/93][3]

BAD BRAINS: *I Against I* LP (1986). Punkbands wie The Clash hatten schon früh mit Reggae-Elementen gespielt – mit Ausnahme der BAD BRAINS sollte Punk jedoch ein weißes Phänomen bleiben.

Diederichsens Analyse – die sich nicht auf den frühen Punk beziehen läßt, der auch starke Reggae-Wurzeln hatte – trifft ebenso auf die erste Hardcore-Generation zu, auf die frühen BLACK FLAG, CIRCLE JERKS, MINOR THREAT, AGNOSTIC FRONT, SUICIDAL TENDENCIES und DRI. Hardcore war damit eine in der Regel antirassistische Musik, die doch nur schwer zum Groove finden konnte.

Doch auch hier gab es Ausnahmen, die für die Zukunft wegweisend sein sollten. Bereits zu Beginn der Achtziger integrierte das Trio MINUTEMEN Funk- und Latin-Strukturen in seine Musik, die kanadischen NOMEANSNO und FUGAZI aus Washington DC knüpften an den funkigen Groove von GANG OF FOUR an, und schwarze Bands aus dem HipHop- und Dancefloor-Bereich veröffentlichten ihre Platten in der zweiten Hälfte der Achtziger erstmals auch auf Hardcore-Labels (z. B. BEATNIGS auf Alternative Tentacles) bzw. fütterten ihren HipHop mit Hardcore- und Metal-Riffs (URBAN DANCE SQUAD, ICE T). Das, was mit dem Duett von RUN DMC und AEROSMITH erstmals auch das große Heer der Charts-Konsumenten erreichte, brachte bald eine Lawine ins Rollen: ›Crossover‹ war nun nicht mehr nur Stilbezeichnung für die Vermischung von Hardcore und Metal, sondern insbesondere für das Nebeneinander schwarzer und weißer Elemente in ein und demselben Song – bald in Sachen Virtuosität ohne Rücksicht auf Verluste, teilweise auch des Verlustes von Groove.

Was war geschehen? Minor Threat hätten, erklärt Ian McKaye, der später Fugazi gründete, »am Punk angeknüpft, weil tanzbare schwarze Musik von uns nicht mehr als Underground empfunden wurde, sondern von den Hitparaden aufgesaugt war. Später erst bemerkten wir, daß Groove ein sehr starkes Mittel sein kann, gegen die vorherrschende Seichtheit anzugehen, weil hier Inhalte über den ganzen Körper transportiert werden.«

Dogmatiker der ›old school‹ sahen daher nicht ganz zu Unrecht schon in Bands wie Fugazi und Nomeansno den Zusammenbruch von Hardcore voraus. Kurz opponierte dagegen noch einmal die ›Hatecore‹-Front, Bands wie Slapshot, Yuppicide und SFA, die Sham 69, Discharge, Seven Seconds, Youth Of Today und andere Veteranen aufleben ließen, doch der neue Kurs war schon bestimmt, Hardcore als ›white trash‹ ließ sich nicht mehr reanimieren.

Indem immer mehr Hardcore-Musiker sich ihrer Rolle als Konservatoren eines weißen Vierviertaktes bewußt wurden und gleichzeitig auch darüber nachzudenken begannen, inwieweit Internationalismus durch ein strenges stilistisches Abgrenzen gegenüber schwarzen Elementen überhaupt realisierbar ist, begann Hardcore sich zu öffnen, setzte sich als Stil selbst ein Ende.

Gewisse Formen des sogenannten Crossover, die mir in sich stimmig erscheinen, weil sie nicht überladen, nicht konstruiert klingen, weil die Homogenität der Stücke nicht unterm Kreuzen leidet, mag ich bis heute. Hochachtung zum Beispiel vor Universal Congress Of, Doctor Nerve und Blind Idiot God. Zu jenen, die mit dieser Musik Lorbeeren geerntet haben und die zu *den* Bands der Neunziger gehören – etwa Red Hot Chili Peppers, Living Colour, Biohazard – fehlt mir nach wie vor der Bezug. Eine Band unter den ›Großen‹, die schwarze Formation Fishbone, die in Funkadelic-Tradition eine sehr groovige Mischung aus Rap, Ska, Reggae, Jazz und Hardrock lieferte, spare ich in meiner distanzierten Haltung aus, da sie zumindest live zeigten, daß da jemand auf dem richtigen Weg war. Die Erklärung, weshalb Crossover eine quasi naturgegebene Notwendigkeit ist, lieferte deren Wortführer ›Dr. Badd Vibes‹:

»Alles, was sich im Rock entwickelt hat, stammt von einem Baum – es ist eine Familie. Ganz unten, an den Wurzeln, hast du den Blues. Von dort geht alles aus. Dann hast du die erste Abzweigung, die vom Blues ausging, den Jazz. Danach kam die zweite Abzweigung, nämlich Rock 'n' Roll. Und alles von Heavy Metal bis Punk ging aus diesem zweiten Ast hervor. Doch alles hängt fest zusammen, gehört zusammen. Es wurde von Ignoranten künstlich getrennt.«

Trotz der im Inhalt bestehenden Notwendigkeit zum Internationalismus kann man dieses Zitat nicht unkritisch hinnehmen: Der hier vom Blues her konstruierte Baum der Rockgeschichte konnte in ästhetischer Hinsicht ja gerade erst dadurch entstehen, daß Zusammenhänge ›von Ignoranten künstlich getrennt‹ wurden, daß Abgrenzungen stattfanden. Alles andere liefe darauf hinaus, nur noch Fusion als Stil akzeptieren zu können (wobei Fusion wiederum erst als Reaktion auf Abspaltungen entstehen konnte).

Daß Punk zumindest zeitweise keine afro-amerikanischen Elemente aufwies, machte seine unmittelbare stilistische Radikalität aus (machte ihn erst zum Stil), ist aber noch kein Zeichen für einen sich ankündigenden Rassismus. Hier greift Diedrich Diederichsens These zu kurz: Es mag wohl stimmen, daß eine Naziband wie STÖRKRAFT schwerlich wie FUNKADELIC klingen könnte (alleine schon, weil ihnen die Fähigkeit dazu abgeht) und es auch gar nicht wollte, trotzdem ist auch Groove kein politisch per se geschütztes Terrain – Nazi-Rap ist durchaus vorstellbar.

Entgegen der Annahme, alle irgendwie rechten Jugendlichen würden auch ausschließlich die gängigen Rechtsrock-Bands rezipieren, erwähnte auch Diederichsen irritiert die Malcolm-X-Kappen vorm brennenden ›Asylantenheim‹ in Rostock-Lichtenhagen. Spätestens hier wird klar, daß man bei Unkenntnis der Texte oder in Gleichgültigkeit ihnen gegenüber sehr wohl gleichzeitig PUBLIC ENEMY hören kann und Menschen mit schwarzer Hautfarbe verbrennen, denn gerade PUBLIC ENEMY sind ein gutes Beispiel dafür, wie wenig Diederichsens Begriff von der ›aktiven, auf Austausch aufbauenden Kollektivität jeder afro-amerikanischen Musik‹ aufgeht. Es ist (zum Glück) nicht jede afro-amerikanische

Musik bloß kommunikativ – die explizite Bedeutung von Public Enemy besteht ja gerade in militanter Konfrontation.

Nein, die Grenze muß anders gezogen werden. Sie kann auch nicht darauf zielen, Musik ab einer gewissen Aggressivität für potentiell faschistoid zu erklären: Man zeige mir den, der durch eine Gruppe wie Wire zum Neonazi werden könnte!

Vielmehr spricht alles dafür, daß zur Formulierung radikaler Nonkonformität ein Stil notwendig ist, der sich bewußt abgrenzt und sich gleichzeitig doch nicht aus einer Ideologie heraus definiert. Das unterscheidet beispielsweise die Sex Pistols von Störkraft, macht aber einen Unterschied aus, der sich nicht dadurch ausbügeln läßt, in beiden Fällen das Fehlen afro-amerikanischer Strukturen zu bemängeln.

Als Gegenargument bleibt dazu nämlich auch jederzeit bestehen, daß Crossover zwar seiner Form nach kaum für Faschismen anfällig ist, andererseits in seiner hypertoleranten Planierungsfreude ästhetisch rein gar nichts Nonkonformes mehr aufzuweisen hat: Mit dem Ende der Abgrenzung kommt es auch leicht zum Ende von Gehalt und zu einer bloßen Aneinanderreihung von Posen.

Es bleibt festzuhalten: Als einheitlicher Stil konnte Hardcore nur im Ghetto weißer Mittelklasse bestehen (Jay/Bad Religion: »Wir waren keine Ausgestoßenen, keine Opfer der Gesellschaft, sondern wir alle waren, wenn ich ehrlich bin, richtige Streber.«). Mögen nun also die gemeinsamen Projekte schwarzer und weißer Musiker oder die gegenseitige Adaption auf kreativen Mißverständnissen beruhen, so gibt es dem Hardcore zumindest die Möglichkeit, das eigene gesellschaftliche Privileg zu überdenken. Ein Privileg, das sich niemals auf alle Musiker übertragen läßt (man denke nur daran, daß Bands wie die Big Boys oder Flipper beinahe unter ihrem Krach verhungert wären), und außerdem ein Privileg, das sich nicht dadurch aus der Welt schaffen läßt, mit anderen Stilen zu jonglieren, als habe man sie selbst aus dem Ei gepellt. Bad Religion blieben auch dann weiße Reihenhauskinder, wenn sie zu rappen anfingen. An der Situation läßt sich nichts ändern, alleine am Bewußtsein. Doch dies bedarf nicht notwendig einer Funk-Struktur, um vernehmbar zu sein.

Co, Sänger der BOXHAMSTERS [»Wir hatten nie ›No future‹«], Punkband aus Gießen: »Unser Bandname stammt ja aus einem Monty-Python-Film, war der Name von diesem Typen, der ›Die Wahl zum Trottel der feinen Gesellschaft‹ gewann. Der Name paßt, da wir selbst Trottel dieser feinen Gesellschaft sind. Es ist zwar Kult, von sich zu behaupten, man sei noch echter Arbeiterklassen-Punk, aber auf wen trifft das denn heute noch zu? Deswegen kann ich Sprüche wie ›Zerschlagt das Kapital‹ einfach nicht bringen, denn ich bin selbst ein Teil davon und eigentlich froh darüber, daß in meiner Wohnung zwei Fernseher stehen.«

Weniger selbstzufrieden, sich aber des eigenen Privilegs ebenfalls bewußt, äußerten sich SLIME 1994. Ihr Song »Goldene Türme« geht gegenüber üblichen Solidaritätsbekundungen mit den ausgebeuteten BewohnerInnen des Trikont ein Stück weiter, indem er zur Aufhebung der sozialen Differenz selbst den eigenen Tod – wie heroisch stilisiert auch immer – in Kauf nimmt:

> »manchmal denk ich, es wäre auch o.k.
> selbst wenn ich in dem fall auch drauf geh
> daß man nicht mehr anklopft, ›dürfen wir?‹
> sondern in waffen reinstürzt durch die offene tür
> mit wilden augen sie von überall kommen
> und sich zurückholen was wir ihnen genommen
> es ist folgerichtig, es wird so sein
> goldene türme wachsen nicht endlos
> sie stürzen ein.«

Dirk / SLIME: »Dieser Text soll klarmachen, daß du selbst als Linker in diesem Land noch Unterdrücker bist. Selbst mit geringstem Einkommen, sozial relativ niedrig gestellt, geht es dir um vieles besser als den Menschen in der sogenannten Dritten Welt. Jeder in diesem Land lebt auf deren Kosten und hätte damit seinen eigenen Untergang eigentlich verdient. Auch wir müssen uns also in unserem relativen Wohlstand nicht wundern, wenn einmal die Armen von uns Unterdrückern ihr Recht einfordern. Es wäre dann, radikal gesehen, nur billig, freiwillig abzutreten.«

Hardcore und Metal

Obwohl Hardcore- und Metal-Publikum in der Regel aus einem verschiedenen sozialen Umfeld kommen, eine völlig andere Erwartungshaltung an Musik haben, sich also scheinbar fremd gegenüberstehen, lassen sich musikalische Überschneidungen nicht leugnen. Überschneidungen, die schließlich auch zu einer Vermischung des Publikums führten.

Metal ist eine stark hedonistische Musik, in der Aggressivität lediglich dem Austoben dient, dem ›have a good time‹ – die politischen Inhalte gehen, sofern vorhanden, kaum über eine institutionalisierte, an Symptomen herumdoktorende Kritik hinaus: Von übermäßigem Fernsehkonsum, Umweltverschmutzung bis zu Atomkraft und Krieg werden da selbst bei musikalisch dem Hardcore nahestehenden Bands Erscheinungen auf eine Art kritisiert, die gerade mal an der Oberfläche kratzt.

Der durchschnittliche männliche Metalhörer mag Kriegsdienstverweigerer und GRÜNEN-Wähler sein, eine Affinität zur autonomen Linken oder eine grundsätzliche anarchische Antihaltung sind bei ihm dagegen absolute Ausnahme. Alles bleibt Show, so sehr diese auch ins Privateste dringt und sein Extrem in den Metallern findet, die nie ohne Kutte und Gitarren-Schlumpf ins Bett gehen. ›Metal ist eine Lebenseinstellung‹, hört man es raunen. Na ja, aber für und gegen was? Mit welchem Inhalt?

Gerade weil es innerhalb der Metal-Szene keine tiefer verwurzelte Systemkritik gibt, kein nennenswertes oder gar gemeinschaftliches politisches Bewußtsein, verwischen die Grenzen von rechts und links je nach musikalischen Vorlieben: Monatlich featured die Metal-Zeitschrift Rock Hard in einer Kolumne Punk/Hardcore-Neuerscheinungen und erdreistet sich dennoch nicht, sich voller Sympathie für Bands am rechten Rand einzusetzen – so geschehen mit den BÖHSEN ONKELZ und den US-Patrioten TYPE-O-NEGATIVE. Den ONKELZ wurde einstimmig im Metal-Lager mit der mageren Begründung Absolution erteilt, sie hätten sich von der rechten Vergangenheit glaubwürdig (?) distanziert; dabei wurde meistens willentlich übersehen, daß der Haß, den die Band nach wie vor Linken entgegenbringt, sie bestenfalls ins rechte Lager der CDU einreiht, wo man sich ja auch fleißig von rassistischen Brandmördern distanziert, zugleich aber mit »Das Boot ist voll«-Kampagnen genau deren Gesinnung verbreitet.

Welche Blüten seinerzeit die Verteidigung der ›gereinigten‹ BÖHSEN ONKELZ trieb, zeigt stellvertretend ein Beitrag im Metal-Fanzine *Animalize* (Selbsteinschätzung: »eine reine Musik-Zeitung und nicht ein politisches Magazin – und das soll auch so bleiben«) von 1993:

> »Erwähnen möchte ich allerdings noch, daß bei mir auch Links-Extremisten auf Ablehnung stoßen, da mir z.B. die vergangenen Taten der RAF mehr als zuwider sind. Mit meiner Unterstützung kann auf jeden Fall jeder rechnen, der gewaltfrei versucht, der rechtsextremen Szene entgegenzuwirken. Jetzt aber zu den BÖHSEN ONKELZ: Wer sich die letzten ONKELZ-Scheiben anhört, wird darauf keine faschistischen Äußerungen finden! Was man dort zu hören bekommt, ist meiner Meinung nach einfach gut gemachter Heavy Metal mit deutschen Texten. [...]
> In Deutschland bekommen Leute, die einmal straffällig geworden sind, eine zweite Chance, nachdem sie ihre Strafe abgesessen haben. Gerade Anhänger der linken Szene setzen sich mit Umfragen wie z.B. ›Haben Sie Vorurteile gegen Ex-Häftlinge‹ dafür ein. Das, was die BÖHSEN ONKELZ vor Jahren getan haben, war zwar keine Straftat im eigentlichen Sinne – ihnen wird allerdings nicht verziehen. Das verstehe ich nicht ...«

Solch diffuse Unüberlegtheit bzw. offene Affirmation, mit der eine der gefährlichsten Verdrängungsbands hierzulande dafür verteidigt wird, daß sie inzwischen »gut gemachten Heavy Metal mit deutschen Texten« spielt, zeigt augenfällig, weshalb sich politisch orientierte (oder auch nur in irgendeiner Form kritische) Hardcore-Fans mit Metal nicht einlassen wollten, während Metal in seiner schwammigen Oberflächlichkeit mit Punk und Hardcore keine Probleme hatte. Deshalb auch die hohe Anzahl von Metallern bei Konzerten linksautonomer Punkbands wie RAZZIA und SLIME: Inhalte sind da zweitrangig und austauschbar, solange die Musik ›gut kommt‹.

Punk als Rebellion gegen das Rock-Dinosauriertum der Siebziger schließt die Absage an Heavy Metal ein: Von jaulenden Gitarrensoli-Bands wie JUDAS PRIEST und IRON MAIDEN bis zu ›progressiven‹ Technikern wie MEKONG DELTA war und ist Metal eine Fortführung des virtuosen Stargehabes mit härteren Mitteln. Metal als männlich geprägte, sexistische, in Leder gequetschte Ausdrucksform des ›Wir da oben, ihr da unten‹ widerspricht der Gleichberechtigung von Band und Publikum. Das Gitarrensolo sucht nicht Dialog, sondern Bewunderung und Verehrung. Kommunikation beschränkt sich auf den ›blowjob‹ der Groupies. Metal ist nur dem Schein nach Anti-Ästhetik.

Die mit Elvis massiv im Rock einsetzende Idolisierung der Stars, wird durch Metal nicht gebrochen, sondern findet im Posing, den wallenden Haaren, hautengen Jeans bis hin zum phallischen Gebrauch der Gitarre seine Fortsetzung in aggressivster Variante. Obwohl – oder gerade weil – Sexualität im Metal nur selten thematisiert wird, schwingt in Musik und Auftreten ein ständiges ›Fick mich!‹ mit, das die Erotik herkömmlicher Popsongs selbst noch im Nichtbenennen der Sache auf ihre brutal patriarchalische Spitze treibt. Gegen solche Tendenzen war Punk – wie bereits erwähnt – betont unerotisch und schmuddelig.

Selbst dort noch, wo Hardcore bewußt martialisch auftrat, mit Militärhosen und kurzen Haaren, ist dies ursprünglich Reaktion gegen die Verkäuflichkeit ›schöner‹ Rockstars gewesen. Einige besonders grimmige Hardcore-Musiker, die das Outfit von Vietnamheimkehrern aufgelegt haben, verweigern sich mit ihrer ›Faß mich nicht an‹-Haltung jener Verstrickung von Pop und Begierde, wie das auf subtilere Art schon die RESIDENTS taten, indem sie ihre Gesichter vor der Öffentlichkeit verbargen.

GUNS N' ROSES, eine der beliebtesten Metalbands der Neunziger, vereint in sich sämtliche im Metal latent vorhandenen Vorstellungen von der männlich-weißen ›Herrenrasse‹.

Das Antifa Jugendinfo BRD schreibt dazu:

>»Axl Rose rechtfertigt seine rassistische Einstellung damit, daß Menschen ›aus Iran, Pakistan, China und Japan etc. die Arbeit in bequemen Lagern und Tankstellen bekommen. Dann bedrohen sie dich, als würdest du nicht hierhin gehören.‹ [...] Er hat auch ›schlechte Erfahrungen mit Homosexuellen‹, daher die ›Schwulenlinie‹. Trotz der Anti-Gay-Texte protestiert Rose, er sei ja lediglich ›pro-heterosexuell‹. ›Ich kann nun mal von Frauen nicht genug kriegen‹, ist seine Erklärung dafür.« [Antifa Jugendinfo BRD, Nr.5 / 1993]

Und doch: Den Pakt mit Heavy Metal gingen Hardcore-Bands sehr früh ein. Auch wenn es sich dabei um den Versuch gehandelt hat, wie Peter von Erosion aus Hamburg sagt, »Metal von seinem ideologischen Gerüst zu befreien«, ist nicht nur der musikalische Unterschied zwischen vielen Hardcore- und Metalbands längst graduell geworden, für Außenstehende kaum hörbar, sondern auch ein inhaltlicher Gehaltverlust zu bemerken. In Amerika waren es z.B. Gang Green und Accused, die Schritt für Schritt vom Hardcore ins Speedmetal-Umfeld wechselten; Cro Mags, Sick Off It All und Biohazard haben ihren Crossover so weit getrieben, daß sie heute zugunsten von Metal ein komplett neues Publikum ansprechen; in Deutschland versuchten Suckspeed, Rostok Vampires, Erosion, Jingo De Lunch, Nonoyesno

CRO MAGS: *Age Of Quarrel* LP (1986).
Hier war schon nicht mehr klar:
Ist das nun Hardcore oder Metal?

und die Emils, sich gegenüber Metal-Strukturen zu öffnen und doch gleichzeitig ihrem alten Hardcore-Publikum treu zu bleiben.

Ganze Labels wie z.B. Earache Records profitierten davon, gleich zwei Kundenkreise erfolgreich abzudecken. Auch wenn all die hier genannten Bands sich in der Tat davor hüteten, das Negativ-Image von Metal zu übernehmen, geriet ihre Fusion außer Kontrolle: Crossover (ursprünglich als Begriff für die Vermischung von Metal und Hardcore oder HipHop entstanden) steht heute für ein ›weder Fisch noch Fleisch‹, für eine inhaltliche Entschärfung, für einen Verlust von Spontaneität: einen Verlust übrigens, den man im voraus hätte erkennen können. Crossover ist immer schon Musik vom Reißbrett gewesen, zusammengeschustert mit dem Ziel, das Publikum durch ungewöhnliche Taschenspielertricks zu verblüffen.

Gegenüber den Punk-Riffs ist das Metal-Spiel ›verzögert‹ (wie schnell auch der Beat sein mag). Es kommt nicht zur Pogo-Entladung, die den ganzen Körper packt, sondern bleibt im drögen Headbanging stecken. Daran läßt sich das Artifizielle, rein Showhafte am Metal leicht ablesen – alle Aggression ist veräußerlichter Gestus, eine Maskerade, die gerade deshalb so unangenehm aufstößt, weil sie sich als authentisch ausgibt.

Kaum eine Rocksparte nämlich hat so viele Echtheits-Ideologen hervorgebracht wie Hardrock und Heavy Metal. Und kaum eine Rocksparte konnte gleichzeitig Kategorien wie Authentizität und Präsenz so wenig einlösen wie diese. Erst in seiner Extremform, die das Tumbe zur Zeitlupe gedehnt hat, wurde Metal einerseits als Farce entlarvt, andererseits erstmals höchst intensiv: eine Übertreibung, die wir den MELVINS zu verdanken haben, deren ›Entdeckung der Langsamkeit‹ weder mit der Metal- noch mit der Hardcore-Etikette beschreibbar ist. Ab einem gewissen Grad von Verzögerung und gleichzeitiger Monotonie (spätestens mit dem Auftakter ihrer *Lysol*-LP) degenerierten die dem Metal entlehnten Riffs – etwas war entstanden, was man je nach Laune Krach oder Avantgarde nennen kann.

Von einer solchen Ausnahme-Band einmal abgesehen, hatte sich durch die Metal-Aneignung all das, wogegen Punk einmal angetreten war, durch die Hintertür wieder eingeschlichen und Hardcore so morbide gemacht, daß dessen Idealismus seit den Neunzigern in sich zusammenfällt. Eine Unzahl von Kompromissen und unkritischen Eingeständnissen gegenüber einstigen Gegnern (Metal, Progressive-Rock, Musikindustrie) hat Hardcore ›at the top‹ gebracht, zu hoch, um als Gegenkultur noch funktionieren zu können.

Aus dieser seit Ende der Achtziger entstandenen Planlosigkeit heraus läßt sich begreifen, daß Hardcore-Definition willkürlich geworden ist, daß die Bewegung ins Beliebige, politisch wie ästhetisch nicht mehr

Faßbare zersplittert ist. Und nur so läßt sich folgende seltsame Bemerkung des Bassisten von PRONG erklären, einer sowohl vom Hardcore- wie Metal-Publikum gefeierten Band, die inzwischen ebenfalls zur Industrie (Sony Music) gewechselt ist:

>»Ich glaube, Hardcore unterscheidet sich gerade dadurch vom Punk, daß die Musiker alle verdammt gut spielen können. Wo sitzen denn heute die wirklichen Könner? Im Hardcore! Nur weil Hardcore von Anfang an so viele technisch einwandfreie Musiker hatte, ist er so vielseitig geblieben.«

Einerseits widerspricht diese Äußerung von 1990 ganz der ursprünglichen Hardcore-Idee, den musikalischen Wert an Intensität und nicht an Könnertum festzumachen, andererseits ist Hardcore 1990 bereits so wenig faßbar, so sehr als Begriff aufgeschwemmt, daß PRONG ihre nachhaltig von METALLICA beeinflußte Musik ohne größere Widerrede als Hardcore bezeichnen können.

Das Spiel vom ›We're still Punk‹ als ständige Selbstvergewisserung, noch immer dem Underground anzugehören, wird seit dieser Zeit zum gebetsmühlenartig abgespulten Wahlspruch all jener, die es doch eigentlich besser wissen müßten. Noch 1994 erzählen TAD, die schon immer musikalisch dem Hardrock/Metal näherstanden als Punk und Hardcore:

>»Punk ist eine Haltung, eine Einstellung zu den Dingen, kein Stil. Wenn also so ein Weißbrot daherkommt und behauptet, TAD wären nicht Punk, weil TAD keinen typischen Punkrock spielen, dann lache ich mal laut. Wir wissen, wo wir stehen.«

Es wundert nicht, daß die ›attitude‹ und der Zusammenhalt einer Bewegung gerade dann besonders betont werden, wenn von all dem kaum noch etwas vorhanden ist. Daß sich derzeit gerade jene Bands auf ihre wilden ›roots‹ besinnen, welche diese längst abgelegt haben und dank einer konsumfreudigen Metalszene heute trotz hohen Eintrittspreisen in kommerziell orientierten Clubs vor mehreren Tausend spielen, mag Publicity sein oder aber ein Versuch, mit schlechtem Gewissen die eigene Entwicklung zu kaschieren.

Kaum mehr eine Band, die noch 1988 als Hardcore-Act durch die autonomen Jugendzentren tingelte, würdigt diese Zentren heute auch nur eines Blickes (von Ausnahmen natürlich immer abgesehen); die älter gewordenen Hardcore-Bands, mögen sie in ihren Texten auch noch immer auf die nötige ›correctness‹ achten, haben nicht nur ihren Stil, sondern auch ihre ökonomische Verweigerung an den oberflächlichen Metalmarkt verkauft. Eine Vielzahl von neu dazugekommenen jungen, unkommerziell arbeitenden Hardcore-Bands kann nicht darüber hinwegtäuschen, daß es innerhalb einer sich dem feindlichen Draußen, den Strukturen des Kapitalismus verschließenden Subkultur zu einem Bruch gekommen ist. Ein Bruch, der das Weiterleben von Hardcore als Stil fragwürdig gemacht hat, nicht aber das Ende von oppositionellem Denken und autonomen Jugendzentren bedeuten wird. Zum Glück.

P. S.: Ich habe trotz aller Polemik gegenüber Heavy Metal nicht übersehen, daß es sich dabei – worauf sich Bands wie IRON MAIDEN und KREATOR auch gerne berufen – vorwiegend um eine Musik der Arbeiterklasse handelt. Wenn nun Hardcore unter Beibehaltung seiner politischen Schärfe sich gegenüber Metal öffnet, kann man mir entgegnen, kommt dies doch eher der Chance gleich, innerhalb einer hauptsächlich von Arbeitern bzw. sozial Deklassierten rezipierten Musik zur Rebellion aufzurufen und Unterdrückungsmechanismen aufzudecken.

Ja, wenn … die Erfahrung zeigt, daß fast sämtliche Bands, die im Laufe der Zeit (freiwillig oder unfreiwillig) Publikum und Stil gewechselt haben, sich auch den jeweiligen Gegebenheiten angepaßt haben. Es mag arrogant klingen, Metal als unkritische Musik jener zu bezeichnen, die sich in ihrer ungebildeten Rolle als Konsumenten recht wohl fühlen – schließlich hatte ja auch Punk sehr viel mit Bier, Party und ErzieherInnenhaß zu tun –, doch der Hintergrund, vor dem selbst Crossover- und Metalcore-Bands ihre Party zelebrieren, gibt mir leider recht.

Punk war Party als Chaos und Anarchie gegenüber einer sich auf Ordnung und Takt gründenden Klassengesellschaft. Eine Party rund um die Uhr, die in situationistischem ›Never work‹-Prinzip gegen das Leistungsdiktat der Industriegesellschaft verstieß. Hardcore schließlich verband diese Party im besten Fall mit Gesellschaftsanalyse. In der

Metal-Nachbarschaft jedoch reduziert sich die Ablehnung wiederum auf ein bloßes feierabendliches Spaßhaben, Schleier über den Alltag, auf eine systemimmanente Kritik, oder führt sogar im Death Metal oft zur Flucht ins kühle medizinische Aufzeigen von Sterblichkeit und Verwesung – morbider, hundert Jahre zu spät kommender Wettkampf mit dem Christentum. Eine Sache, die man zwar jederzeit gegenüber nach Zensur brüllenden Fundamentalisten verteidigen sollte, die aber dennoch nicht mehr als Böse-Buben-Gebärde ist.

Ob nun GANG GREEN mit ihren Bierhymnen zum Wettsaufen animieren (und damit nichts vom BLACK FLAG'schen »Six Pack« und »TV Party« verstanden haben), ACCUSED ihre Vorliebe für Splatterfilme raushängen oder DANZIG ihre Beschäftigung mit dem Okkultismus: der kleinste gemeinsame Nenner heißt Weltflucht. Flucht vor Verantwortung im Kampf gegen das ›beschädigte Leben‹ (Adorno wird strapaziert ...). Gegenüber christlichen Fundamentalisten und einer bestürzt-betroffenen Bürgerwehr muß man Death Metal, dieses lautstarke Spiel mit Verwesung, Friedhof und Dämonologie, dennoch jederzeit in Schutz nehmen; als ernstzunehmende subkulturelle Gegenmacht taugen sie jedoch allesamt nicht: weder DEATH noch ACCUSED, weder DANZIG noch BOLT THROWER, weder AUTOPSY noch ENTOMBED. Ausnahmen wie SORE THROAT, die aus dem Autonomen-Umfeld kamen und mit ihren kurzen Grindcore-Attacken unter dem LP-Motto *Never Mind The Napalms* (gemeint war die Metalband NAPALM DEATH) den anarchischen Punkgeist wiederbelebten, wurden als Fremdkörper von Earache-Records sehr schnell wieder ausgestoßen.

Nicht die Tatsache, daß Hardcore sich aus den ›besseren Kreisen‹ heraus gegen die ›besseren Kreise‹ entwickelte (Eckpfeiler: Jello Biafra/ DEAD KENNEDYS als Sohn einer Bibliothekarin, Vic Bondi/ARTICLES OF FAITH als Soziologie-Dozent), machte eine sinnvolle Kontaktaufnahme mit Metal unmöglich; sondern daß Metal zu keiner Zeit bereit war, sich des gesellschaftlichen Unterdrücktseins in aller Konsequenz zu vergewissern. Wer Hardrock und Heavy Metal als urtümlichen, unverbrauchten Ausdruck der Arbeiterklasse idealisiert, übersieht deren vollkommene Hingabe an das Diktat, daß die Lämmer doch bitte zu schweigen haben.

Bisher habe ich gezeigt, wie Hardcore zugunsten von HipHop/Black Music und Metal strukturell aufbrach und sich in beiden Fällen meist unreflektiert das Fremde aneignete, ohne sich dessen Inhärenz zu vergewissern, ohne also die verschiedenen Lebensbedingungen beachtet zu haben. Und doch soll nicht der Eindruck aufkommen, daß Aneignung fremder Erfahrung nicht legitim sei – sie ist im Gegenteil sogar notwendig. Anders fände weder musikalische Entwicklung noch jenes Verstehen statt, das Solidarität erst ermöglicht. Sie kann aber nur bis zu einem bestimmten Grad gelingen und musikalisch sinnvoll realisiert werden.

Wenn Hardcore beispielsweise HipHop, eine Musik, die aus den Erfahrungen der schwarzen Ghettos entstanden ist, adaptiert, so fehlt immer das notwendige Moment der Erfahrung, bis hin zu der Gefahr, daß jenes den Schwarzen auferzwungene Ghettoleben von Außenstehenden verklärt und idealisiert wird. (Daß auch schwarze Rapper zum Teil an dieser Verklärung arbeiten, ist ein anderes Thema.)

Eine weiße Hardcore-Band übernimmt HipHop als Ergebnis einer aus Widerstand gegen die Unterdrückung gewachsenen Musik, übernimmt also lediglich das fertige künstlerische Produkt, ohne ein Bewußtsein für seine (Leidens-)Geschichte entwickelt zu haben. Darum besitzt die Musik der Beastie Boys, einer Band, die mit Hardcore begann und sich zu einer wegweisenden (weißen) HipHop-Band entwickelte, nicht das Zwingende einer ›Ästhetik des Widerstands‹, wie wir sie von Public Enemy her kennen. Da sich die Beastie Boys allerdings jener Differenz gegenüber ihren großen schwarzen Vorbildern bewußt sind, machen sie nicht den Fehler, deren Substanz durch direkte Aneignung auszuplündern, sondern geben sich selbst bis heute die Aura einer Party-Band. Sie kennen ihre eigenen Grenzen, jenes Privileg des weißen Mittelstandes, das andere weiße Bands – z. B. Biohazard – leugnen und mit ihrer Ghettoerfahrung betteln gehen. Sich über die eigene musikalische Sparte hinaus mit anderen Formen der Musik zu beschäftigen, möglichst sogar mit allen, ist nicht zuletzt lohnend, um den eigenen Standpunkt zu begreifen. Jedoch zu glauben, diese Beschäftigung müsse sich auch unmittelbar und um jeden Preis in der eigenen Musik widerspiegeln, führt in der Regel zu einem unfruchtbaren, ästhetisch wenig sinnvollen Durcheinander.

Der Weg ins Uferlose

Zum Beispiel: SST-Records

1978 gründeten Greg Ginn und
Chuck Dukowski in Lawndale/
Kalifornien SST-Records als Ei-
genlabel für ihre Band BLACK FLAG. *Nervous Breakdown*, ihre erste
Single, war der Beginn einer für die Geschichte von Hardcore exem-
plarischen Lawine. SST vollzog den Weg von Punk über eine kreative,
unüberschaubare Stilvielfalt bis hin zum Beinahe-Ruin, nachdem ein
Großteil der Musiker zur Industrie gewechselt war. In den Jahren 1987
und 1988, als die Musikzeitschrift *Spex* nahezu monatlich mit gren-
zenloser Euphorie über Bands auf SST berichtete, verwirklichte sich
explosionsartig die Kreativität einer auf Punk/Hardcore aufbauenden
Bewegung, zeigte sich aber auch schon im Rückblick jener Stachel, der
zur Beliebigkeit, zur Zersplitterung, zur vom Markt aufgesogenen Un-
verbindlichkeit gegenüber den eigenen Underground-Wurzeln führen
sollte.

Betrachtet man SST alleine aus dem Blickwinkel, was dieses Label
in Sachen Punk/Hardcore geleistet hat, so war SST bereits Mitte der
Achtziger uninteressant geworden. Als Hardcore-Label lag die Blütezeit
zwischen 1978 und 1984, der Zeit von BLACK FLAG vor ihrer kompletten
Progressiv-Phase, der Zeit von HÜSKER DÜ bis *Zen Arcade* und der Zeit
der MINUTEMEN. Und auch das grandiose, längst vergriffene LP-Debut
der DICKS, Gary Floyds erster Band, ein Meilenstein des US-Politpunks,
erschien auf SST. In dieser Phase wurde der britische Punk mit voller

BLACK FLAG: *Damaged* LP (1981).
Einer der Hardcore-Klassiker schlechthin stand am Anfang einer bewegten Label-geschichte.

Kraft nachgeholt und kurz darauf auch schon wieder über Bord geworfen; was allerdings nicht verführen darf, eine Platte wie *Damaged* von BLACK FLAG nachträglich als unreifes Frühwerk abzulegen. *Damaged, Land Speed Record* und *Buzz Or Howl Under The Influence Of Fire* sind die eigentlichen Urzellen des Hardcore (man muß noch die Platten der nicht auf SST erschienenen, aber für HÜSKER DÜ sehr einflußreichen Bands MISSION OF BURMA und MX-80 SOUND hinzuziehen), von denen aus alle späteren Veröffentlichungen auch als Verfallserscheinungen gesehen werden können, als Rückfall in einen Rock-Illusionismus (etwa bei der MINUTEMEN-Nachfolgeband fIRE-HOSE), den Punk und Hardcore doch zu überwinden vorgaben.

Beim Hören und Wiederhören von *Damaged* wird deutlich, daß hier etwas passierte, was nicht nur den britischen Punk nachahmte. Songs wie »I'm Wasted« und »Spray Paint The Wall« entwickeln explosionsartig ein Gefühl von Desillusionierung, von Ausweglosigkeit – also einen krassen Realismus, der weder den Zynismus noch die Ironie des britischen Punk übernimmt. Hier ist die Verzweiflung komplett, durch nichts gefärbt und durch nichts gebrochen. »Manche«, schreibt John Lydon in seiner Autobiographie, »sehen die Pistols-Ära in Schwarzweiß, das war es aber nicht. Ich sehe das Ganze in Neon oder dreckigem Militärgrün mit Neonpink, also mit Farben, die irritieren.«

Tatsächlich ist es diese grelle Buntheit, in der sich die Stimmung des britischen Punk grundsätzlich von dem Grau der *Damaged* unterscheidet. Wenn eine Platte den Begriff ›Hardcore‹ (in Abgrenzung zu Punk) geradezu erzwingt, dann ist es diese. BLACK FLAG haben hier den Kern herausgeschält, ihre Welt komplett von Illusionen gereinigt. Neben dem Debüt von SUICIDE dürfte keine andere Platte so wenige Rückzugsmöglichkeiten geboten haben: Hier war man eingesperrt, zwingend konfrontiert mit einer ganz und gar zerstörten Welt. No fun!

Möglicherweise ließ sich dieses Gefühl der ersten Platten von BLACK FLAG, MINUTEMEN und HÜSKER DÜ in seiner Radikalität nicht mehr steigern, war musikalisch in sich so geschlossen, daß jegliche Form der Veränderung zu einer Aufweichung führen mußte. Insofern war die stilistische Ausweitung von SST, die zum eigentlichen Nachruhm des Labels geführt hat, zwingende Konsequenz einer schon zu Beginn stattgefundenen Vollendung. (Ein dick aufgetragener Begriff, ich weiß. Er bezieht sich selbstverständlich nur auf diesen bestimmten Stil.) Man muß sich dabei immer wieder klarmachen, daß die wenigen Schlüsselwerke von Punk und Hardcore einen Einbruch in die Rockmusik bedeuteten, der ein auf ihnen aufbauendes Danach schwierig oder sogar unmöglich machte.

SST, das ›beste Label der Achtziger‹, bündelte nach 1984 noch einmal sämtliche Kräfte einer vorwiegend weißen Gegenkultur und riß mit dem Wahlspruch ›Corporate Rock Still Sucks‹ Rockmusik aus den Händen von Bruce Springsteen und den DIRE STRAITS. Damit gelang ihm für ein paar Jahre, sämtliche Formen der Rockmusik – unter Punk-Geist von affirmativer Ideologie gereinigt – in einem neuen, ungeschliffenen Licht erscheinen zu lassen. Punk, Hardcore, Metal, Folk, Blues, Reggae, Funk, Jazz, Psychedelic, Pop und Avantgarde tummelten sich da nebeneinander, schienen sich keiner gemeinsamen Linie verpflichtet zu fühlen und fußten doch allesamt auf der Idee von Unabhängigkeit und Unkommerzialität.

Unter dem George-Washington-Zitat »Wer Freiheit gegen Sicherheit eintauscht, verdient es, beide zu verlieren« (Wahlspruch der ersten OCTOBER FACTION-LP) pendelt das Label zwischen demokratischem, durch-aus US-amerikanischem Pioniergeist maximaler Selbstverwirklichung und destabilisierender Gegenkultur in der Ära Reagan/Bush.

Und noch eine, bereits angesprochene Gemeinsamkeit verbindet sämtliche Extreme auf SST: Musiker sowie Zielgruppe des Labels waren die Generation nach Punk. Leute, die mit Punkrock aufgewachsen waren und dessen anarchische Kraft beibehalten wollten, ohne in einer ständigen Reproduktion zu stranden. Ab Mitte der Achtziger gab es daher eigentlich nur noch eine einzige ›reine‹ Punkband auf SST, die DESCENDENTS, die allerdings auf ihrem Abschiedsalbum *All* 1987 durch

Metalstrukturen und scharf gesetzte Breaks ebenfalls dazu beitrugen, Punk zu demontieren.

Grant Hart [HÜSKER DÜ]: »Es ist für mich unbegreiflich, daß es noch immer Bands gibt, die wie unser *Land Speed Record* klingen. Daß es Kids gibt, die immer wieder daran anknüpfen. Für uns war diese Platte [sie erschien 1981 und war eine der frühesten, rasend schnell gespielten Hardcore-Platten in LoFi-Qualität; d. V.] eine Erfahrung, Teil unserer Entwicklung. Für sie ist es ein Klassiker, etwas Unumstößliches. Das stört mich, denn das haben wir nie gewollt.«

Die Musikwelt blickte für ein paar Jahre gebannt nach Kalifornien, weil dort ehemalige Punk- und Hardcore-Musiker begannen, sich gegen das Gefühl eines in Subszenen atomisierten, von Feindschaft genährten Undergrounds zu richten. Möglicherweise im Glauben, die spröde Direktheit von Punk sei auf sämtliche Formen der Musik übertragbar, riß SST alle Gräben ein, die spätestens seit Punk als unüberwindbar galten.

Elemente aus den Sechzigern und Siebzigern wurden aufgegriffen, die einstigen Erzfeinde rehabilitiert: DINOSAUR JR und die SCREAMING TREES, auch optisch ›langhaarige Freaks‹, hielten es mit Neil Young, dem Fuzzrock von LOVE SCULPTURE und den Melodien der BYRDS (deren »Eight Miles High« auch HÜSKER DÜ gecovert haben); SOUNDGARDEN machten keinen Hehl aus der Verehrung für LED ZEPPELIN; SAINT VITUS versuchten, von Platte zu Platte dem BLACK SABBATH-Sound näherzukommen, bis man sie von ihren Helden kaum mehr unterscheiden konnte; Sylvia Juncosa, eine äußerst begabte Gitarristin mit zarter Stimme, erinnerte frappant an JEFFERSON AIRPLANE; ALWAYS AUGUST bezogen sich voller Verehrung auf GRATEFUL DEAD; SISTER DOUBLE HAPPINESS erfanden den Blues und Van Morrison neu; während die LEAVING TRAINS eher die ROLLING STONES spielten, schloß Zoogz Rift die Außenseiter-Lücke mit seinem Zappa/Beefheart-Rock. Die Liste ließe sich beliebig fortsetzen: Glamrock im Bowie- und T. REX-Stil wurde von Pat Ruthensmear wieder salonfähig gemacht, hemdsärmeliger Countryrock von den DIVINE HORSEMEN oder FLESHEATERS. Hatte hier der Kapitän das Steuer verlassen? Wie war es möglich, daß es 1988 erneut und unverhohlen zu einem ›Sommer der Liebe‹ kommen konnte?

Greg Ginn: »Weißt du, ich habe mir schon oft den Vorwurf anhören müssen, SST habe den Gitarrenrock wieder hoffähig gemacht, deshalb sei der ganze schlechte Grunge-Boom, den wir heute haben, auf SST zurückzuführen. Ich bereue den ersten Teil dieses Satzes nicht: Die Punk-Generation hat den Fehler gemacht, die Gitarre zu verbannen und mit einer langen Rock-Tradition zu brechen. Das hat neben Punkrock auch zu all dem Synthesizer-Schund geführt, zur künstlichen Musik in den Achtzigern schlechthin. Leute, die ihre Musik als Reaktion auf etwas sehen, was sie ablehnen, waren mir schon immer dubios. Eine gute Punkband hätte nie gesagt: ›Wir hassen

HÜSKER DÜ: *Zen Arcade* DoLP (1984). Wegen ihrer Mischung aus Hardcore-Power und eingängigen Melodien wurden Grant Hart und Bob Mould als »Lennon/ McCartney des Punk« bezeichnet.

GRATEFUL DEAD, deswegen beschränken wir uns auf drei Akkorde‹. So eine Band kann einfach gar nicht gut sein, weil sie ihre Musik nur als einen Gegenentwurf begreift. Insofern hat SST vielleicht doch den Beitrag geliefert, zu zeigen, daß alles Nebeneinander möglich ist. Gute Musik ist eine Frage der Kommunikation.«

Auch wenn es konstruiert erscheint: Round about '87/'88, jener Zeit, als SST mit nahezu selbstmörderischem Eifer Platten auf den Markt warf, als ob es kein Morgen mehr gäbe, war Hardcore als radikalisierte Nachfolge von Punk quasi schon am Ende.

Überall brach das stilistisch enge Korsett auf, überall wurde die Kommunikation mit dem bisher Verschmähten gesucht: Die erste EP von FUGAZI erschien 1988 und war eine Absage an den kompromißlosen Washington-DC-Sound der MINOR THREAT; 1985, die DEAD KENNEDYS hatten sich gerade aufgelöst, veröffentlichten NOMEANSNO ihr Debüt auf Alternative Tentacles und gaben eine neue Richtung vor: komplexer, mit Breaks versetzter Funk'n'Wave im Stil der fast vergessenen GANG OF FOUR. Es war die Sternstunde für Bands wie BIG BLACK und BUTT-HOLE SURFERS, während MUDHONEY kurz darauf schon mit ihrem Debüt das, was später Grunge genannt werden sollte, lautstark einläuteten.

MUDHONEY: *Superfuzz Bigmuff* MLP (1990). Power, Schweiß und aufgedrehte Amps – war »Grunge« am Anfang überhaupt etwas anderes als Punk mit langen Haaren?

In Deutschland entstanden Bands wie ARM, PULLERMANN, 2 BAD und JINGO DE LUNCH, die sich alle auf ihre ganz persönliche Art vom schlichten, rasanten, punkrockgeprägten Hardcore entfernten. Toleranz stand plötzlich im Mittelpunkt, die Suche nach subkulturellen Gemeinsamkeiten begann, Punk-Sprüche wie ›Never Trust A Hippie‹ wurden als Ursache für eine zunehmende musikalische Isolierung und Verarmung angesehen und über Bord geworfen. Bill Stevenson, Schlagzeuger der DESCENDENTS (später ALL), gibt in einem Interview KING CRIMSON – eine waschechte Progressiv-Band – als seinen größten Einfluß an, was noch ein paar Jahre zuvor (und erst recht in der ersten Punk-Generation) undenkbar gewesen wäre.

Greg Ginn: »Du mußt den Lernprozeß von BLACK FLAG folgendermaßen betrachten: Wir veränderten uns, indem wir uns entwickelten. Dies war keine bewußte Sache. Wir wollten nie Hardcore sein, so wie wir auch nie Jazz sein wollten. Und dann, als Hardcore wirklich eine Mode war, hatten wir schon ganz andere Musik gespielt, wofür uns viele Hörer haßten.
Es ist absolut grotesk gewesen. Dieselben Leute, die heute lange Haare haben, haben uns 1983 angespuckt und mit Flaschen beworfen, weil wir mit langen Haaren auf die Bühne kamen. Weißt du, wer so etwas erlebt hat, dem gehen Moden wirklich am Arsch vorbei.«

Der Anfang vom Ende für Hardcore war eine unglaublich kreative Zeit in Sachen Wiederbelebung der Rockmusik. Das ungezähmte ›anything goes‹ von SST (ohne Anspruch auf ›Postmodernism‹, wie er sich in die Collagen-Stücke von John Zorn hineininterpretieren läßt) kannte keine stilistische Hemmschwelle und gefiel sich auch darin, Veteranen der unabhängigen Musik vor Punk – z. B. Glenn Phillips, Henry Kaiser, Fred Frith, Elliott Sharp – einen Platz im Labelkatalog einzuräumen, also eine Art von Konstanz aufzuzeigen gegen die historistische Legende, Rockmusik bestünde aus sich ständig gegenseitig ablösenden Stilen und Moden.

SST vollzog eine notwendige Öffnung, ohne welche die Hardcore-Szene schnell verkrustet wäre und so eintönig geklungen hätte wie das bereits bei einigen der dogmatischen New-York-Bands der Fall war – gleichzeitig machte SST damit aber auch unfreiwillig Platz für das bunte, pluralistische Treiben der MTV-Generation, in deren Welt selbst ›attitude‹ nur noch als verkaufsfördernde Plakette herhalten muß. SST war ein Aufbruch, auf den Crossover und Grunge folgten, die selbst bereits Teil einer Beliebigkeit ohne klar erkennbare inhaltliche Abgrenzung waren. Cheerleader mit Anarchie-Emblem, also die zur verfügbaren Ware gewordene, sich unterwerfende Frau und das Symbol der Befreiung: dieser im NIRVANA-Video »Smells Like Teen Spirit« gezeigte Widerspruch bringt auf den Punkt, in welcher Weise Punk in den Neunzigern verkehrt wurde. (Keine Ahnung übrigens, ob NIRVANA dies zu zeigen bezweckten oder selbst schon Teil der Verkehrung waren.) Die Freiheit des ›anything goes‹, die Ästhetisierung des Häßlichen im kapitalistischen Wettstreit (siehe Benetton-Werbung) vereinnahmt auf subtile Weise jegliche Form von Negativität, macht selbst diese noch zum Fetisch Ware. Wenn Punk in MTV gespielt werden ›darf‹, wenn Krieg und Zerfall zum Inhalt von Klamottenwerbung werden ›darf‹ (was zu thematisieren vorher nur der Kunst und dem Journalismus vorbehalten war), werden Widerstand und sogar Dokumentation zum Sprachrohr der Industrie. Und damit inhaltlich – im Streben nach gesellschaftlicher Veränderung – folgenlos. »Kein Ausdruck«, schreiben Horkheimer/ Adorno in der *Dialektik der Aufklärung*, »bietet sich mehr an, der nicht zum Einverständnis mit herrschenden Denkrichtungen hinstrebte, und was die abgegriffene Sprache nicht selbsttätig leistet, wird von den gesellschaftlichen Maschinerien präzis nachgeholt.«[4]

Als Dokumentation der Unmenschlichkeit und Utopie einer Gegenwelt spielte Hardcore mit dem Tabuisierten, schmückte die Plattencover mit Bildern blutiger Kriegsschauplätze (DISCHARGE) und Folterszenen (NAKED CITY), bediente sich Schockfiguren wie des fanatischen Killers Charles Manson (POISON IDEA) oder nagelte Jesus Christus an ein Kreuz von Dollarscheinen (DEAD KENNEDYS).

Indem nun solche Gegenbilder einer auf den makellosen äußeren Schein aufgebauten Gesellschaft inzwischen selbst von deren größter Scheinfabrik, der Werbung, gebraucht und umcodiert wurden, verlor das Abbilden von Grausamkeit und Häßlichem nicht nur an Schockwirkung – es stand vor allem nicht mehr notwendig als Protest und Anklage, sondern reihte sich ein in die bunte Willkür sinnentleerter Bilder. Bestes Beispiel dafür ist ein T-Shirt-Motiv der von MTV hochgepushten RAGE AGAINST THE MACHINE: Jenes Che-Guevara-Porträt, das einst die Gemeinschaftsräume linker WGs zierte, bedeckt dort zusammen mit dem Bandnamen kommentarlos die Brust. Che wird zur Ikone, zum geschichtslosen Mythos, benutzt von einer gänzlich in kapitalistische Strukturen eingewobenen Band, wird zum Teil eines austauschbaren Nebeneinanders, in dem kein Bild mehr auf Inhalte zurückverweist.

Im Verschwinden der Substanz, wie Jean Baudrillard schreibt, kommt es zur ›Auferstehung des Figurativen‹ [5]: leere Zeichen, durch die alles relativiert und damit angeglichen wird. Auch wenn dieses T-Shirt möglicherweise die Mechanismen kapitalistischer Vereinnahmung bis hin zur Ästhetisierung seiner Gegner verhöhnen mag – ähnlich wie das Mao-Porträt von Andy Warhol, das man in einer Reihe mit Mickey Mouse, Mick Jagger und Franz Beckenbauer sehen muß –, so verhöhnt es doch auch gleichzeitig Inhalt und Möglichkeit der Revolution.

Doch hier ist bereits nicht nur der Gedanke an die Möglichkeit einer Revolution abhanden gekommen, sondern vor allem auch die Präsenz, die Dringlichkeit dessen, was sich als echt nur präsentieren kann, wenn es sich gegen sozialen Druck wendet. Die Frage danach, ob es nach Punk noch eine Übereinstimmung von Ausdruck, Gestus und Gehalt geben konnte, wird durch alles, was im Umkreis von Grunge und Hardcore in MTV auftaucht, umfassend verneint. Mag auch eine Band wie SOUNDGARDEN Authentizität für sich beanspruchen, so bleibt doch der scheinbar glühende Gestus, Gitarren auf der Bühne zu zertrümmern, bloß einstudierte Gebärde: Punk versiegelte die Falschheit des Danach, das um so fragwürdiger wird, je authentischer es sich gibt.

›Wer Freiheit gegen Sicherheit eintauscht‹, hieß es bei SST. Heute hat die Post-Punk-Generation eine Unmenge an Freiheit verloren, aber ein gewisses Maß an Sicherheit gewonnen. Welch ein Pakt! »Haste mal 'ne Million?« höhnt eine *Spiegel*-Überschrift 1994 zum Thema »Die Punks sind zurückgekehrt«; auf einem Punk-Sampler der Firma Sony Music, *The No Future Generation*, klebt im selben Jahr ein Aufkleber, der bisher nur Roger Whittaker und Sommerhit-Kollektionen gegönnt war: »Aus der TV-Werbung«. So paradox es klingen mag: Durch die Öffnung, die mit SST exemplarisch einherging, brach das Immunsystem Hardcore als subversive, rebellische Gegenmacht zusammen und wurde eingegliedert in die postmoderne Käuflichkeit der Meinungsvielfalt. Greg Ginn (»Große Kunst steht im Kampf zu allen politischen Interessen dieser Welt«) hat dies teuer bezahlt: Kaum eine Band ist auf SST geblieben, ein Großteil zeigt heute Zahnfleisch auf MTV.

Doch wäre das Aufbrechen der Hardcore-Abgeschlossenheit ohne Austrocknung aufzuhalten gewesen? Müßige Frage – es gab keine Alternative. Es gibt nur eine nun vergangene, auf wenigen Platten dokumentierte Radikalität, die gerade darin begründet liegt, nicht wiederholbar zu sein.

Turning Krach into money

Zweites Beispiel: Earache Records

»Mit jeweils circa zwanzig Veröffentlichungen haben die beiden britischen Hardcore-Label Peaceville und Earache innerhalb der letzten zwei
Jahre eine neue Musik bekannt gemacht und durchgesetzt: zwischen
dem extrem schnellen, kreischenden britischen Grindcore mit seinem
überkorrekten, anarcho-vegetarischen Bewußtsein und den tiefen,
schweren Sounds des satanistischen oder splattersüchtigen Death Metal
aus den USA. Mit allen Paradoxa und Widersprüchen, durch die Hardcore wie Underground-Metal sich gegenseitig anziehen und abstoßen.«
[Diedrich Diederichsen in *Spex* 12/1989]

Unter dem Begriff Grindcore, Speedcore oder Crust entstand in England
erstmals ein Hardcore-Ableger, der frei war von amerikanischen Einflüs-
sen. Junge Menschen mit zottelig-langen Haaren, bevorzugt zu Dreadlocks verfilzt, stimmten einen Geschwindigkeitsrausch an, der sich aus
Metal-Elementen, dem geistigen Fundament britischen Anarchopunks
(CRASS) und Lust am Geräusch zusammensetzte – letzteres sollte dazu
beitragen, daß diese Musik im Laufe ihrer Entwicklung mehr und mehr
die verborgenen Parallelen mit Free Jazz, Industrial und zeitgenössischer Avantgarde entdeckte.

Als Information nützlich ist hierzu nach wie vor der oben schon
zitierte Artikel von Diedrich Diederichsen, der dieser komplexen, auf
Widersprüchen aufbauenden Bewegung nachspürte; eine Welt, in der
Totenschädel und Leichenberge auf eine Ästhetik des Bösen verweisen,

die messerscharf an faschistoiden Beschwörungen von Auschwitz als pathologische Lehranstalt (siehe SLAYER, MORBID ANGEL) vorbeigeht, Hand in Hand mit strikter linker, anti-faschistischer ›correctness‹ (noch als kommerziell erfolgreiche Metalband coverten NAPALM DEATH »Nazi Punks Fuck Off« von den DEAD KENNEDYS). Nirgends hat sich die Selbstverwaltung, das Ablehnen jeglicher Form von ›business‹ stärker durchgesetzt als in dieser Szene, die sich durchaus nicht in Earache Records erschöpft, sondern aus hunderten von Kleinstlabels besteht, denen gegenüber Earache auch schon wieder vielen Anhängern als kommerziell blutsaugender Gigant erscheint. EXTREME NOISE TERROR beispielsweise wurden auf ihrer ersten Tour nach dem Signing bei Earache in autonomen Läden gnadenlos ausgebuht. ANAL CUNT ironisierten dieses Dogma der Crust-Szene, nur Bands auf »Pay no more than«-Kleinstlabels zu akzeptieren, in einigen der 58 Songtitel auf ihrem Earache-Debüt von 1993: »I'm not allowed to like A.C. anymore since they signed to Earache«, »You Must Be Wicked Underground If You Own This«, »Selling Out By Having Song Titles On This Album«.

Vieles an der Spielerei mit dem Abseitigen – etwa den Pathologie-Bildern bei CARCASS – war wiederum selbst keine Neuheit, sondern holte eine andere Underground-Spielart wieder aus der Versenkung hervor, die etwa zeitgleich mit Punk Ende der Siebziger entstand: Industrial. Der Name geht auf das 1975 von THROBBING GRISTLE gegründete Label ›Industrial Records‹ zurück und steht in der Regel für eine ganz und gar negativistische, maschinell-abweisende Musik. Industrial selbst ist eine so komplexe, bis heute existierende subkulturelle Sparte, daß es verwirrend wäre, in diesem Rahmen allzu genau in die Materie einzudringen.

Diese Musik steht insofern eng mit Punk in Verbindung, als daß beide Teil einer neuen, antiillusionistischen Ästhetik Ende der Siebziger waren: Industrial thematisierte erstmals kommentarlos rohe Gewalt und ist somit in vielem sogar kompromißlos häßlicher als Punk gewesen. Lärm war da Teil einer traumatischen Decollage, die das »Potential Mengele« innerhalb der Industriegesellschaften und bei den Hörern zutage treten lassen wollte, das Barbarische unter der glatten, zivilisiert erscheinenden Oberfläche. Carla Mureck schrieb hierzu: »Diese Musik der Unbefugten« (gemeint ist, daß die Industrial-Musiker in der Regel Dilettanten waren), »wie Günther Brus sie bereits 1972 für sich reklamierte und vorausschauend forderte, ist keine Kopfgeburt von Spezialisten, sondern wächst aus dem Spannungsbogen zwischen Hirn und Unterleib der Gesellschaft, im Versuch, Gefühle aus dem Korsett zivilisatorischer Anpassung zu befreien, durch Schock, durch Irritation, durch eine Schönheit, die die Bestie im Menschen nicht ausspart.« (In: »Partitur der Träume – Über Musik und Klänge. Konkursbuch 25«)

Während ihrer Gigs ließen THROBBING GRISTLE ein Videoband abspielen, auf dem ein Mann dermaßen unkaschiert kastriert wurde, daß man diese Aufnahme für echt halten mußte. Charles-Manson-Kult, das Verwenden faschistoider Symbolik, sadomasochistische Rituale, Intimschmuck und Abbildungen von Leichen gehörten zum apokalyptischen Szenario der Industrial-Ästhetik, deren lärmendes Toben in den seltensten Fällen konkret definiertes Rebellentum gewesen ist. Sieht man von den australischen SPK (benannt nach dem ›Sozialistischen Patienten Kollektiv‹) um Graeme Revell ab, einer Band, die sich aus Insassen und Pflegern von Anstalten für körperlich und psychisch Kranke zusammensetzte und in ihren Collagen den Wahnsinn spätkapitalistischer Gesellschaft und deren Umgang mit dem ›Abnormen‹ (d. i. Krankheit) thematisierte, gefällt sich Industrial oft narzißtisch in dem rein schockhaften Spiel mit Reizbildern. Daher war die Szene sehr früh schon Sammelbecken dubioser rechter Esoteriker und Apokalyptiker. Vieles an dieser Strömung neigte zu dunkler Mythologie und verklärter Neo-Romantik, so daß ein Teil der ehemals lärmigen Industrial-Musiker (z. B. CURRENT 93) im Laufe der Jahre zu gefälligen Gothic-Kapellen verkamen (ein Mystizismus, der auch im Death Metal nicht fremd ist – auch hier stoßen wir auf Totenkult und Runenkunde), beginnend bei Genesis P. Orridge von THROBBING GRISTLE, der mit PSYCHIC TV eine okkulte Neohippie-Sekte gründete. Die musikalisch extreme Brachialgewalt des frühen Industrial (harte Samplings, percussiver Einsatz von Blech und Stahl) findet sich jedoch zehn Jahre später im Grindcore wieder. In Japan lärmen zeitgleich Post-Industrial-Musiker wie MERZBOW, MASONNA, GEROGERIGEGEGE und VIOLENT ONSEN GEISHA auf eine Art und Weise, die es schwer macht, gewisse Formen des Industrial und Grindcore noch voneinander zu unterscheiden. Vieles jedoch, was heute in Populärmagazinen, besonders gegenüber einem Metal- und Crossover-Klientel, als Industrial verkauft wird (GODFLESH, MINISTRY, DIE KRUPPS, REVOLTING COCKS, NINE INCH NAILS), hat in Sachen Radikalität nichts mehr mit der ursprünglichen Bewegung zwischen 1976 und 1983 gemein.

Reinen Death Metal, »den besten Weg, die Angst zu formulieren« (Hammy von Peaceville im *Spex*-Interview), will ich hier ausklammern. Er wird zwar auch von breiten Kreisen der Hardcore-Szene gehört, fußt aber (siehe auch das Kapitel ›Hardcore und Metal‹) auf einer ganz anderen Ästhetik, einer ganz anderen Tradition, die fast nichts mit Punk/Hardcore zu tun hat. Überspitzt gesagt steht Death Metal einer illusionistischen Fantasy-Tradition von YES über ALAN PARSONS PROJECT bis JUDAS PRIEST wesentlich näher als der ernüchtert-rebellischen Punk-Tradition.

Zwar hatte Earache stets auch reine, konventionelle Death-Metal-Bands unter Vertrag (andere, die als Grind-/Speedcore-Bands begannen, wurden zu Death Metal, zum Beispiel NAPALM DEATH und CARCASS), interessant ist aber, hier parallel zu SST zu zeigen, wie sehr Earache im Laufe der Jahre in alle Richtungen hin aufbrach, eine ganze Palette des Terrors entwickelte und sich von stilistischer Beschränkung immer stärker löste.

Am Anfang kreiste lediglich alles darum, den absoluten Geschwindigkeitsrekord zu brechen. »Wir waren mehr

NAPALM DEATH: *Scum* LP (1987).
28 Songs im Kampf um die Lichtgeschwindigkeit. Das war nicht Musik, hatte Schlagzeuger Mick Harris nachträglich gestöhnt, »das war Sport«.

Sportler als Musiker«, meint der frühere NAPALM DEATH-Drummer Mick Harris. Und er muß es wohl von allen Bandmitgliedern am besten wissen.

Die Schnelligkeit, in der sich Bands wie NAPALM DEATH, CARCASS und ELECTRO HIPPIES anfangs ergingen, stand für Ausdruck (sozusagen: Therapie), Befreiung, orgiastische Explosion, aber auch für ›pain‹ – eine Möglichkeit, den Schmerz, den Wahnsinn moderner Gesellschaft hörbar zu machen. Im Bewußtsein, wie rasend sich alles auf den Tod hinbewegt, während die technologische Ideologie der Geschwindigkeit und das Informationsnetz gleichzeitig alle Gedanken an ein Ende aus-

CARCASS: *Reek Of Putrefaction* LP (1988). Die morbide, barocke Schönheit des Verfalls. Manche sahen in diesem Cover schon einen Fall für den Staatsanwalt.

zulöschen versuchen, kippte Musik hier bestenfalls und wahrscheinlich ungeahnt in Philosophie um. Während die Todesmetaller sich am Okkulten, Satanischen und Morbiden einfach nur ergötzten, entstand bei Grind-Bands wie CARCASS eine sonderbare Dialektik: Abbildungen von Leichen und Hautkrankheiten, aus Medizinbüchern entnommen, zeigten den Zerfall mit einer gewissen Faszination, ohne (wie bei gemalten, fantasy-artigen Death-Metal-Covern) in Verklärung umzukippen.

Hier war das Ende als solches präsent: nackt, von stinkender Fäulnis umgeben und damit – ganz Punk-Tradition – im Widerspruch zum schönen gesellschaftlichen Schein … der allerdings Ende der Achtziger bereits das Häßliche und Negative kulturindustriell zu verwerten wußte.

Die Manieriertheit der ersten beiden CARCASS-Cover, die pralle, barocke Überfülle eines ›Memento Mori‹ (wer dachte da nicht an Arcimboldo-Gemälde?), ästhetisch den Collagen-Covern früher Punkplatten sehr nahe, läßt sich weder einseitig als bloße Anklage noch als plumpe Verherrlichung deuten. Hier funktioniert noch einmal die Geste des bloßen, unkommentierten Darstellens, eine Souveränität, die im Laufe der Jahre durch die Forderung nach ›political correctness‹ mehr und mehr verdrängt wurde, obwohl sie dieser nicht zuwiderlaufen müßte. Zudem war es auch eine Darstellung, die sich von der gängigen, inzwischen etablierten Todesmetaphorik innerhalb der ›postmodernen‹ Ästhetik (ich denke z. B. an Filme wie *Natural Born Killers* und *Pulp Fiction*) gerade darin unterscheidet, daß sie nichts über Ironie oder Coolness abschwächt, nichts verschönt.

1980 erscheint die *Ästhetik des Verschwindens* von Paul Virilio, einem französischen Theoretiker der Geschwindigkeit, welcher der Veränderung unserer Wahrnehmungsprozesse unter dem Gesichtspunkt immer schneller werdender Verkettungen von Information, Technik und Verkehr nachspürt. Erste Anzeichen in der Kunst gibt es bereits sehr früh. Virilio zitiert Cezanne, der gegen Ende seines Lebens stets denselben Berg malte, besser: die ständige Bewegtheit eines Berges, dessen ständiges Ersterben – »Man muß sich beeilen wenn man noch etwas sehen will. Alles verschwindet.«[6]

Bei NAPALM DEATH muß man sich beeilen, wenn man noch etwas hören will. Grindcore stellt unsere ganze gegenwärtige Ästhetik dadurch in Frage, daß er die fast schon nicht mehr wahrnehmbare Schnelligkeit des Kommens und Gehens von Information musikalisch umsetzt (ist dies nun noch Takt oder schon nicht mehr differenzierbares Rauschen?), zeigt damit auch das Phänomen einer technisch immer komplexer werdenden Gesellschaft auf, die im Zwang, möglichst viele Reize in möglichst kurzer Zeit auszusenden und aufzunehmen, ihr eigenes Sterben mehr und mehr tabuisiert.

Inmitten der technosozialen Raserei, die noch als kontrolliert erscheint, besteht jederzeit die Möglichkeit, daß Beherrschung in Barbarei umkippt: Visionen von Auschwitz erschienen bei Grindcorebands ebenso wie im Frühindustrial bei THROBBING GRISTLE nicht als plumpes ›shocking‹ oder als Verkultung des Grauens, sondern im Sinne einer ›Dialektik der Aufklärung‹ immer als möglicher Brennpunkt einer sich zivilisiert und beherrscht glaubenden Welt. CIVILISED SOCIETY? nannte sich, mitsamt Fragezeichen, eine britische Punkband rund um den Sänger der Grind-Anarchos SORE THROAT. – Eine Musik, die sich der Zivilisiertheit unserer Gesellschaft nicht ganz so sicher gewesen ist wie der kulturelle Rest, mußte sich unzivilisiert gebärden: Das Ungezügelt-Wilde, ebenso verpönt bzw. verklärt wie »der Wilde« als ethnisches Wunsch- bzw. Feindbild, stellte hier den Stand unserer westlichen Humanität in Frage. Wieviel, fragten die Noise-Attacken, haben Zügelung und Formwille mit Menschlichkeit zu tun? Schützt Beethoven, wie bereits Adorno einmal fragte, vor Auschwitz? – Natürlich nicht, wie wir wissen. Auch Henker lassen sich im Kunstgenuß rühren. Den Kunstgenuß ungenießbar machen – darin sahen Lärmtöner wie SORE THROAT nicht zuletzt eine Geste der Menschlichkeit.

John Peel, BBC-DJ und altgedienter Verwalter unabhängiger Musik, dürfte die über das bloß Musikalische hinausgehende Qualität dieser Ausbrüche erkannt haben, als er sie schon sehr früh gegenüber Buhrufen – ›Nichts als Krach!‹ – verteidigte. Von den BBC-Studios ging dann auch die kürzeste Single der Welt über den Äther, ein Split-Projekt von NAPALM DEATH und den ELECTRO HIPPIES, jeder Song gerade mal eine Sekunde lang, als Rille auf dem Vinyl kaum erkennbar. Fast schon ein dadaistisches Meisterstück, im Miteinander von Lärm und Geschwindigkeit bei geringster Zeiteinheit das Nichts aufblitzen zu lassen – Manifestation des totalen Verschwindens. Ein ›Fuck you!‹ auf den herkömmlichen Kunstbegriff und damit noch einmal, vielleicht zum letzten Mal, von ganzem Herzen Punk. – Zum letzten Mal? Letztlich korrespondierte diese Single mit »4'33« des amerikanischen Komponisten John Cage, seinem berühmt-berüchtigten Stück, auf dem nichts zu hören war. Cage rebellierte damit im Kontext von Klassik und Neuer Musik gegen die Allmacht des Komponisten. Gegen was aber rebellierten NAPALM DEATH und die ELECTRO HIPPIES im Rock-Kontext? Vielleicht wollten sie nur zu erkennen geben, daß es in Sachen Lärm, Widerspenstigkeit und anarchischem Gestus auch zu einem Ende gekommen war. So gesehen war dies ein Begräbnis von Punk, wie »4'33« ein Begräbnis für die Komposition darstellen sollte.

Wie auch immer: Das Extrem konnten die Bands natürlich weder halten noch steigern. – Earache Records begann sich mehr und mehr in andere musikalische Gefilde vorzutasten, während das ›Schneller, lauter, härter‹ von kleineren Labels verwaltet und zu übertreffen versucht wurde.

Eine Spur führt beispielsweise nach Karlsruhe zu Matthias Weigand und seinem TNT-Label, auf dem Singles von SEVEN MINUTES OF NAUSEA, NUNSLAUGHTER und ANAL CUNT – nun doch auf Earache Records – miteinander polterten, um den Lärmrekord zu schlagen.

Und was geschah mit Earache Records? Obwohl das Label hauptsächlich von seinen gut verkäuflichen Death-Metal-Gruppen profitierte, begann eine Neuorientierung auf ganzer Linie, zwar im abgesteckten Rahmen des Labelnamens, aber ohne stilistische Beschränkung. GODFLESH begannen mit monotonen Rhythmen Grind auf den Beat der alten SWANS und die Industrial-Musik der späten Siebziger zu übertragen (was in den Neunzigern einen großen Industrial-Metal-Boom auslöste und Bands wie MINISTRY in die Charts kommen ließ). O.L.D. arbeiteten auf eine komplexe Mischung aus gesampeltem Soundtrack für Splatterfilme und Artrock hin, CATHEDRAL dagegen brachten eine sehr langsame, theatralische Spielart des Metal heraus, die ganz im Kontext von Artrockbands wie YES stand und also eigentlich Hardcorefreunden das Brechen hätte lehren müssen; mit NAKED CITY und PAINKILLER gab John Zorn einige Gastspiele und lehrte dem Jazz die Gänsehaut; SCORN schließlich entdeckten Ambient Dub zwischen ruhiger Trance und pumpendem Lärm. – Zwei Jahre später sollte schließlich Techno Einzug ins Labelprogramm halten, gestreut von Gabber (Johnny Violent) bis hin zu ruhigeren Soundscapes (SCANNER).

Jimmy [O.L.D.]: »Die Jungs von Earache haben längst erkannt, daß Death und Grind ausgereizt sind. Jedes Extrem ist nur bis zur Spitze reizbar – und dann ist Schluß. Ich denke, diese Spitze wurde erreicht. Statt einen Imageverlust durch ständiges Aufwärmen zu erleiden, haben Earache das Richtige gemacht: Sie suchen nach neuen Möglichkeiten, das Publikum auf kreative Weise zu schockieren. Schockieren bedeutet in diesem Fall: Etwas Neues wagen, bisher noch nicht Gehörtes zu veröffentlichen. Angst hat ja viel mit dem Neuen zu tun. Insofern ist Earache Avantgarde. Nun kann man sich fragen, weshalb ein Label seine Hörer ängstigen will. Ich glaube, wir Menschen brauchen das, wir sind auf die ständige Konfrontation mit dem Neuen angewiesen, denn eine natürliche Neugierde in uns hält uns ständig auf der Suche nach noch nicht gemachten Erfahrungen. Die beste Musik stößt in solche Grenzbereiche vor. Auch wenn die Jungs in England manchmal darüber stöhnen, daß ihre Begeisterung und ihr Konto zwei verschiedene Sachen sind.«

Vielleicht trifft aber auch eher zu, was Alex von FUDGE TUNNEL anmerkt: »Was ist Earache denn schon? Zwei Büroräume mitten in England. Eine Firma, die nach siebzehn Uhr betrachtet stockfinster ist. Earache wird zum Mythos gemacht. Dabei geht es doch immer nur um die einzelnen Bands.«

Im bunten Nebeneinander von mehr oder weniger zugänglichen Geräuschen hat Earache stets ein gutes Händchen, auch im marktorientierten Sinne, gehabt – nur so konnte das Label seine spartenübergreifende Popularität erlangen und bewahren. Rechtzeitig Dinge abstoßen, aber auch konservativ Gewordenes und Abgedroschenes mitschleifen, dabei hie und da Neues einführen, darauf warten, daß es in den Kreislauf hineinwächst. Hinter all dem steckte immer sehr viel Kalkulation und ein Erfolg, der die Labelmacher als gute Spekulanten auszeichnet.

Und auch hier läßt sich aus dem Blickfeld von 1996 sagen: Durch die aggressive Anfangszeit und die spätere, wenigstens teilweise gewagte Öffnung hin zum Experiment ist dem Label viel zu verdanken. Dafür setzte es aber auch ungewollt den Grundstein für all das Zeug, welches uns heute so sehr nervt, weil es zum klingenden Standard von Kneipen, Clubs und TV geworden ist: hohl pumpende Fusionen aus Dancefloor, Hardcore und Metal. Bands, die zwar nie auf Earache waren, aber den Labelnamen erstmals wirklich einlösen – eine Qual für unsere Ohren.

Noch einmal: Auf Earache gab es keinerlei stilistischen und ›weltanschaulichen‹ Zusammenhang zwischen den Bands, sondern bestenfalls eine Mischung aus Fanbegeisterung und Geschäftssinn. Es ist allemal ein typisches Phänomen für die gesamte Punk/Hardcore-Bewegung, daß Labels und Bands, die in Sachen musikalischer Experimentierfreudigkeit sehr weit gingen und für die Musik der Neunziger prägend wurden, wenig bis gar nicht in einem politischen Kontext standen. Ein Phänomen wie die Endsiebziger-Band THE POP GROUP (Radarscope-Label), eine Art radikalisierte CRASS, die nicht nur musikalisch mit ihrer sperrigen Mixtur aus Freejazz, Funk und Dub angreifend waren, sondern auch weltanschaulich, sollte Einzelfall bleiben. In der Regel nämlich gilt: Je experimenteller eine Band, desto musikfixierter und also apolitischer; je musikalisch dogmatischer dagegen, desto offener für Agitation.

POP GROUP: Y LP (1979). Ihre Mischung aus Dub, Noise, Funk und Free Jazz galt vielen Punks als »Kunstkacke« – dabei schaffte es die POP GROUP, nicht nur durch ihre Texte, sondern auch in Sachen Musikästhetik aufzurütteln und Drei-Akkord-Punk als konservativ zu entlarven.

Auch die politische Radikalität von Grindcore – ein Beispiel dafür sind immer wieder die früh mit Earache zerstrittenen SORE THROAT – verteilte sich auf ein Netz aus Kleinstlabels und Eigenproduktionen, getragen von Bands, die nur absoluten Hardlinern ein Begriff sind. Viele dieser hyperkorrekten Anarcho-Bands hatten zwar das ›Schneller, lauter, härter‹ bis zum Kollaps übersteigern wollen, in der Regel aber nie die musikalische Vielfalt und Originalität erreicht, mit denen Earache seinen weiteren Weg ging.

Heute sind sie beide am Ende – SST und Earache. SST aus finanziellen Gründen; die Platten, die seit 1993 auf diesem Label erscheinen – meist Jazz und Jazzverwandtes – mögen nicht schlecht sein, holen aber leider niemanden mehr hinterm Ofen vor, da sie außerhalb einer aktiven Subkultur entstehen. Earache dagegen hat seit geraumer Zeit nichts mehr veröffentlicht, was dem ehemaligen Ruf noch gerecht werden könnte. Der Vertriebswechsel in Deutschland von Rough Trade zu Intercord war bezeichnend – neuere Earache-Platten sind selten noch ein musikalisches Wagnis.

The Sound Of Independence

Wie Punk und Hardcore entstanden sind,
welche Ideale sie hatten

1978 schreibt Wolfgang Spindler im KURSBUCH über Rock'n'Roll:

>»Er malträtiert Elternohren, weckt vorhandene, geheime oder halb-
eingestandene Wünsche nach dem anderen, schöneren Leben, betreibt
Rocker-Pädagogik ebenso wie Kosmetik-Kritik und stillt ein Stückchen
der Sehnsucht nach dem, was er proklamiert: Action, Freiheit, Spaß.
Er ist damit überall zu Hause.« [»Rock me!«, KURSBUCH 54]

Als Protest gegenüber dem Gegebenen, einer an sich lustfeindlichen,
leistungsorientierten Gesellschaft, ist Rock'n'Roll nahezu international,
als Internationale also tatsächlich >überall zu Hause<. Als nicht näher
definiertes Politikum wird er politikübergreifend in Peking ebenso verstanden wie in New York, in Prag ebenso wie in Wien, in Buenos Aires,
Leipzig, Rom und London. Als nicht näher definiertes Politikum kann er
politikübergreifend rechte wie linke >action< bedeuten oder aber irgendwo im diffusen Mittelmaß als >Saturday night fever< aufgefaßt werden.

Solange Rock'n'Roll alleine der Sehnsucht nach Freiheit und Spaß
entgegenkommt, ist er für die Herrschenden nicht nur ungefährlich,
sondern idealer Bestandteil im stabilisierenden >Brot und Spiele<-
Komplex. Daher ist es auch ein unbegreiflicher Denkfehler gewesen, Bill
Clinton >Liberalismus< anzudichten, weil er saxophonspielendes Kind
der >Woodstock generation< ist (nach dem Motto: Wer Richie Havens'
»Freedom« gehört hat, kann kein Rassist sein, und wer »Volunteers« von

Jefferson Airplane kennt, kann keine militärische Intervention mehr gutheißen), anstatt in ihm die geschickte Verstrickung von Pop und Manipulation, ein Umleiten von nicht gesellschaftlich analysierter Unzufriedenheit in ›pleasure‹ (oder einfach nur: ›show‹) verwirklicht zu sehen. Herrschaft unter scheinbar humanem, entkrampftem Gesicht ist möglicherweise gefährlicher als das bereits optisch repressive Antlitz von Bush und Kohl. Schon allein weil nicht nur jede Menge Dope, sondern auch die Songs von Hendrix und Morrison die Vietnam-Kämpfer während ihres Massakers begleiteten, muß man Rock'n'Roll immer schlimmstenfalls als Ersatz von Freiheit betrachten, als einen Sound, der das eigene angepaßte Kaputtsein weniger zu begreifen denn zu akzeptieren hilft. Rockmusik ist nie notwendig systemkritisch, antikapitalistisch gewesen, nie notwendig Anleitung zum kritischen Diskurs.

Wäre sie es, hätte es Punk und Hardcore – als Korrektur all dessen – nie geben müssen.

Der Gedanke, Rock aus diesem Zirkel massenwirksamer Manipulation zu befreien, komplette Kontrolle über das eigene Produkt zu haben, begann zaghaft zu Beginn der Siebziger mit der ›Rock in Opposition‹-Bewegung rund um die Mitglieder der Alternative-Band Henry Cow (Fred Frith, Chris Cutler, Lindsay Cooper u.a.), deren Ziel es war, Entstehung und Vertrieb ihrer Musik in die eigene Hand zu nehmen, um damit frei von Marktinteressen Rock als autonome Gegenkultur gestalten zu können (ein Prinzip, dem das Schneeball-(Label-)Kollektiv in Deutschland ähnelte).

›Rock in Opposition‹ nahm einige der Grundideale von Punk vorweg (Autonomie, Unkommerzialität, Kompromißlosigkeit), und nutzte die Selbstverwaltung, um ohne äußeren Druck nach Verkäuflichkeit eine komplexe, sperrige, intellektuelle Musik aus Versatzstücken von Free Jazz, Psychedelic Rock und Musique Concrète überhaupt erst veröffentlichen zu können. (Ähnliches läßt sich übrigens auch über das amerikanische Free-Jazz-Label ESP sagen, das bereits Mitte der Sechziger sein Programm für außergewöhnliche und abseitige Musik aus den Bereichen Rock und Folk öffnete – z.B. für Pearls Before Swine, The Fugs, The Godz – und so Musikern zu einer Veröffentlichung verhalf, die selbst

TON, STEINE, SCHERBEN: *Guten Morgen* – das erste Songbuch der Scherben von 1972. Neben Songtexten gab es jede Menge (oft handgeschriebene) Aufrufe zu gesellschaftlicher Veränderung, Eigeninitiative und Selbstverwaltung.

zu Zeiten wagemutiger Veröffentlichungspolitik nirgendwo untergekommen wären – zumindest nicht vor 1968.)

Die MusikerInnen rund um ›Rock in Opposition‹ waren keineswegs unpolitisch (ich empfehle dazu die beiden Platten der SKELETON CREW), stellten genauer gesagt ihre Musik in Interviews immer wieder in einen marxistischen Kontext. Dennoch muß man hier Opposition vorwiegend ästhetisch, stilistisch begreifen, als Intellektualisierung des Rock, die nur außerhalb der Plattenindustrie möglich gewesen ist, andererseits aber auch der rohen, neuen Einfachheit von Punk völlig widerspricht.

Fred Frith: »Interessant ist, daß ›Rock in Opposition‹ durch das, was 1977 geschah, überholt wurde. Wir haben einige Jahre unablässig Stellung genommen zur Bedeutung von Unabhängigkeit und Autonomie für die Musik und die Musiker. 1977 explodierte plötzlich die Punk-Bewegung, und all diese Leute machten plötzlich genau die Dinge, die wir dauernd angesprochen hatten, allerdings mit einer offensichtlich anderen Art von Musik. All diese Fanzines, die zwischen '77 und '78 auftauchten, fand ich sehr aufregend, weil ich das irgendwie als ein Zeichen dafür ansah, daß die Musiker die Kontrolle übernehmen wollten.« [Jazzthetik 10/92]

Um das Neuartige an Punk/Hardcore zu begreifen, den Moment, von dem an ›Independence‹ zum Politikum wurde, muß man Begriffe unterscheiden, die gerne miteinander vermengt werden: ›Independent‹, ›Underground‹ und schließlich Selbstbestimmung/Selbstverwaltung.

›Independent‹ bezeichnet Plattenlabel, die unabhängig von der Plattenindustrie arbeiten, ihre Platten mit geringerem Etat produzieren und vertreiben, sich aber nicht notwendig in Inhalten von den Majorlabels unterscheiden. Independents gibt es schon sehr lange, zum Beispiel das Anfang der Fünfziger gegründete Mar-Vel'-Label; lange vor dem Gedanken also, Rock müsse sich notwendigerweise nicht nur kapitalistischen Strukturen, sondern dem herrschenden Gesellschaftssystem an sich widersetzen.

Bis heute sind Independent-Labels nicht per se rebellisch, sondern im Gegenteil meist Miniaturen der Industrie, die darum ringen, weniger verkäufliche Produkte verkäuflich zu machen; die sich aus Idealismus (oder sogar aus bloßem Sammlerinteresse: kleine Auflage, farbiges Vinyl etc.) einer Minderheitenmusik (besser: noch nicht breitenwirksam gewordenen Musik) annehmen, ohne damit notwendig in den Prozeß gesellschaftlicher Veränderung eingreifen zu wollen. Populärstes Beispiel: Tom Hazelmeyer, der Gründer des Amphetamine-Reptile-Labels, Spezialist für morbiden Noiserock, ehemals ein Soldat der US-Marine und uneingeschränkter amerikanischer Patriot.

Es ist oft weniger das Mißtrauen gegenüber der Industrie als pure ökonomische Unterlegenheit, aus der heraus sich kleine Labels mit dem Begriff der Unabhängigkeit schmücken, also aus der Not eine Tugend machen. Daran ersichtlich, daß viele Independents bedenkenlos mit der Industrie zusammenarbeiten, sobald diese nur Interesse bekundet.

Selbst wenn wiederum der Industrie gerne unterstellt wird, ihre schlecht verkäuflichen Independent-Produkte aus steuerlicher Abschreibetaktik ins Programm aufzunehmen, darf der Image-Aspekt nicht vergessen werden: ›Indies‹ stehen für Mut, Abenteuer und Offenheit gegenüber dem Extremen, brechen also das Bild vom Major als niveaulose Hitfabrik. Die Integration der Indies in den Major-Katalog verwischt die Grenze von Mehrheit und Minderheit(en) und schadet damit höchstens jenen Independent Labels, die ihren Namen zurecht tragen, jenen, denen ›Independent‹ immer auch Verweigerung und Subversion bedeutet.

1989, als fIREHOSE noch auf SST Records waren, sagte deren Bassist Mike Watt: »Viele Musiker sind auf Independent-Labels, aber sie sind nicht ›independent‹ in ihrem Denken.« – Wer will ihm da widersprechen? Die Tatsache, daß fIREHOSE drei Jahre später zu Sony Music wechselten, ist allerdings beispielhaft dafür, wie wenig Independence auch von Musikern als Frage eines selbstverwalteten (Gegen-) Marktes und Netzwerkes empfunden wird. Unter Berufung darauf, das ›unabhängige Denken‹ sei wichtiger als die bloß oberflächliche Verweigerung gegenüber einer Kooperation mit der Industrie, ist Independent heute mehr denn je zur Phrase geworden, zum großräumigen Bürokomplex in den hübschen Gebäuden der Multis. Man fühlt sich frappant an jene erinnert, die aus der Studentenrevolte die Konsequenz gezogen haben, gesellschaftliche Verhältnisse seien nur im Gang durch die Institutionen zu verändern. – Sich als Schreiber im *FAZ*-Feuilleton gegenüber Bekannten zu brüsten, darin eigentlich gegen die politische Linie der Zeitung anzugehen, ist ebenso heuchlerisch oder doch blauäugig, wie Sony Music über deren Indie-Abteilung »Dragnet« schönreden zu wollen.

Auch der Begriff ›Underground‹ bezeichnet nicht notwendigerweise Politisches, sondern lediglich das Exotische oder sogar modisch Exklusive, verweist also auf ein ökonomisch höchst verwertbares Insidertum. Darum gibt es bereits Ende der Sechziger Lizenzpressungen bzw. Sampler mit dem Titel *Psychedelic Underground* auch auf EUROPA- und *HÖR-ZU*-Schallplatten. *HÖRZU*, Organ des Springer-Imperiums, lizensierte Platten von Bands wie Soft Machine, Can und Vanilla Fudge und warb in den Liner Notes mit dem Wörtchen ›Underground‹, in vollem Bewußtsein – behaupte ich einmal –, daß dieses Etikett sich nicht notwendig gegen die Springer-Ideologie richtete. Denn Underground bezeichnet in der Musik/Kultur nicht notwendig das, was unter politischem Untergrund verstanden wird, sondern kann durchaus für systemimmanente Fortschrittlichkeit stehen.

Die Avantgarde des Underground, das, was heute noch als exotisch und schrill bestaunt wird, deutet den Trend von morgen an. Underground ist Keim der Mode von morgen, also sozusagen hypermodern. Bis heute hat der Begriff nichts an der ihm zugeschriebenen Hipness verloren: In ihm spiegelt sich Industrie selbstzufrieden als Förderer des Individuellen, in ihm proklamiert Industrie sich als Garant größtmöglicher Freiheit, selbst gesellschaftlich noch nicht anerkannten Außenseitern eine Plattform zu bieten.

Ja, Industrie (genauer: Marktwirtschaft) benötigt Underground und würde ihn wohl notfalls selbst erfinden, da im pluralistischen Wettstreit nur das als fortschrittlich gehandelt werden kann, was sich noch nicht gänzlich durchgesetzt hat, was noch nicht komplett Massenware und Allgemeingut geworden ist. Am Beispiel Sony Music heißt das: Sony benötigt Michael Jackson finanziell, Bands wie die BAD BRAINS und fIREHOSE als Imagepflege.

Erst durch die Streicheleinheiten für Outsider stabilisiert sich das Ganze selbstgerecht. Indem die Industrie eine starke Affirmation für sogenannten Underground entwickelt hat, verschwindet der Anschein, einseitig Masseninteressen zu sättigen, also Monopol für Wegwerfprodukte zu sein. Und doch wird Kulturindustrie gerade dadurch totalitär: sie dringt selbst in die Nischen ein, in die letzten Rückzugsgebiete des Privaten, zerrt Minderheiten, die kurz zuvor ihre ganz eigenen Netzwerke aufgebaut hatten, an die Öffentlichkeit.

Als Nachtrag muß allerdings erwähnt werden, daß so etwas wie die SOFT MACHINE-*HÖRZU*-Kollaboration seit den Achtzigern höchst unwahrscheinlich geworden ist. Das, was Industrie seitdem unter ihrem Labellogo als Underground/Avantgarde ausgibt, ist stets Schwundform oder doch Spätphase einer einst im Underground wegweisenden Band (z. B. SONIC YOUTH, HÜSKER DÜ) bzw. Werk epigonaler Nachzügler (SOUNDGARDEN, RAGE AGAINST THE MACHINE).

Es ist, worauf wir uns möglicherweise die Hände reiben können, ehernes Gesetz, daß HÜSKER DÜ mit *Land Speed Record* kein Majorlabel gefunden hätten, wahrscheinlich auch 1996 noch nicht finden würden; daß also nach wie vor gewisse Arten der Präsentation per se keine Chance haben, in den Katalog von Sony und Warner aufgenommen zu werden. Es müßte noch viel passieren, bis RED CRAYOLA – eine seit den sechziger Jahren völlig sperrig und konsequent eigenweltlich arbeitende Band – auf MTV erscheinen und Japan-Noise von MERZBOW einen Nike-Spott untermalen würde. Um so bedenklicher allerdings, daß Verweigerung immer mehr in die Nischen des Inkommensurablen gedrängt wird, wo sie sich am Ende in ihrer Atonalität der Neuen Musik annähert und damit zum Soundtrack einer Elite wird. Heute sind es vielfach nur noch die Galerien und die öffentlich-rechtlich geförderten Kulturprogramme, die eine Musik spielen, wie sie weder bei Geffen noch Dragnet denkbar wäre. Ob die Street-Bewegung Punk das gewollt haben mag?

Punk: Der Fehler im System

Hey du kleiner Kali-Kumpel
Wie geht's denn deiner Kali-Frau?
Was machen deine Kali-Kinder?
Du hast verloren, ich weiß es genau!
Ihr hungert und ihr demonstriert
habt ihr denn noch nicht kapiert
Daß keiner euren Scheiß mehr will,
den ihr täglich produziert!
Entlassen und kalt abserviert
heißt doch nicht, daß ihr verliert
Denn ohne diese Stumpfarbeit
lebt sichs gänzlich ungeniert
Ihr schuftet, schwitzt
und denkt nicht nach
Ja, was wird sein,
was kommt danach?
Drum seid mal helle
seid nicht dumm …
und hängt euch
Stromgitarren um !!!!
[Terrorgruppe, »Arbeit muss sein bleibt«]

Die Begriffe ›Independent‹ und ›Underground‹ sind für Punk als extrem politisierte Bewegung grundsätzlich irreführend. Selbstbestimmung/ Selbstverwaltung, also Autonomie, wurde hier erstmals komplett politisiert: Ein eigenes Label, einen eigenen Vertrieb, einen eigenen Plattenladen oder ein eigenes Fanzine zu starten, ist bewußte Absage gegen die Industrie und deren Verwertung des Undergrounds als Trend, als modische Avantgarde gewesen. Mag auch die Spitze des Eisberges (Paradebeispiele sind die Sex Pistols, aber auch Clash, Wire, Gang Of Four, Damned und Angelic Upstarts) sehr früh zur Industrie gegangen sein, so kommt auf jedes einzelne dieser Beispiele an ›Abtrünnigen‹ die Neugründung von hundert Eigenlabels und Fanzines, eine Unzahl an Dilettanten, deren bewußt zur Schau gestellte Handarbeit/Fehlerhaftigkeit einer industriellen Massenanfertigung den Krieg erklärt.

TERRORGRUPPE: *Arbeit?* 7" (1993). Obwohl Punk eigentlich gar keine Lust auf Arbeit hat, stellt sich die Single graphisch ganz in Tradition der Arbeiterbewegung.

Mehr noch in den Fanzines als auf den Platten wird diese Verweigerung deutlich: Das Spontane und Vergängliche, der Erlebnisbericht mitsamt seinen Durchstreichungen (im Extremfall auch handschriftliches Gekritzel) bekämpft die Idee des Teilbaren und Mitteilbaren, bleibt brutal individuelles Zeugnis, immer mehr Tagebuch als für die Öffentlichkeit bestimmtes Produkt und richtet sich dadurch besonders eindringlich an Gleichgesinnte, grenzt Uneingeweihte aus. Eine Single (LPs waren sowohl im Punk wie im Hardcore eher eine Ausnahme) ist dagegen mehr als ein Fanzine-Artikel ein auf Dauer angelegtes Produkt (weshalb früher viele innerhalb der Szene das Tape, den direkten Proberaummitschnitt propagierten).

Aber auch Punk/Hardcore-Singles arbeiten mit Fehlern und Durchstreichungen, die das Spontane gegenüber dem auf Käuflichkeit abgerundeten Produkt behaupten; hier darf – oder muß sogar – der Sound schlecht sein, das Schlagzeug holprig, die Gitarre verstimmt. Selbstbestimmung ist in diesem Fall nicht einfach nur eine Frage der Produktion und des Vertriebes, sondern eine Frage des Stils. Sie bedeutet, sich selbst in aller Fehlerhaftigkeit anzuerkennen und gegen die gängige

Vorstellung zu opponieren, Kunst müsse die Idee des Vollkommenen in sich tragen.

Erst mit Punk ist die Rockmusik in Sachen Haltung Anti-Kunst geworden, damit auch ›antibürgerlich‹, erst jetzt formuliert eine ganze Bewegung, was zuvor nur Randerscheinungen vorbehalten war (z. B. den STOOGES und den GODZ): daß Kultur und Subkultur – egal mit welchem Inhalt – mit gesellschaftlicher Billigung gesegnet sein werden, sobald sie formal Wert auf Dauer legen, unter dem Gedanken an Dauer produziert also ein gewisses ›Niveau‹ vorlegen. Die Anfänge der BEATLES und der WHO (Phasen, an die Punk mehr oder weniger bewußt oder willentlich anknüpfte) mögen zwar dilettantisch gewesen sein, sind in sich jedoch stimmig, ohne jenes Punk-Selbstbewußtsein also, das ein fehlerhaftes Riff stets dem sauber gespielten vorziehen würde. Schließlich sorgten im Punk erst die »Fehler« für das krachige und intensive Moment, das ihn von dem vergleichsweise kontrollierten bisherigen Rock unterscheidet.

Man kann hier einwenden, daß Kultur sich innerhalb des Kapitalismus gerade durch einen Produktcharakter auszeichnet, der das Gegenteil von Streben nach Dauer ist: bewußt für eine Saison produzierter Trash, Sommerhit und Winterkollektion – Leerstellen, denen das Verschwinden schon eingraviert ist, ja die verschwinden müssen, um neuen vermarktbaren Leerstellen Platz zu machen. Für Rockmusik gilt das allerdings nur bedingt: Rock gewinnt (wenn auch manchmal erst posthum) gerade dadurch an systemstabilisierendem Wert, daß er durch Begriffe wie ›Kult‹, ›Meilenstein‹, ›stilbildend‹ als Konstruktion von Geschichte herhalten muß, daß er also nostalgisch besetzt wird.

Man darf nicht übersehen, daß der Trash, die Müllhalden von austauschbarem Pop, die produziert werden, zur bloß ökonomischen Stabilität beitragen, während sich in der Rockmusik Ikonen herausschälen, die unabhängig von ihrem Denken dazu beitragen, den kapitalistischen ›way of life‹ als Grundlage von Freiheits-Kultur zu stützen. Insbesondere die Gestorbenen (Elvis, Janis Joplin, Jimi Hendrix, John Lennon, Kurt Cobain) tragen, ähnlich stark wie John F. Kennedy, dazu bei, in diesem ahistorischen, sich durch Produktion stets selbst reproduzierenden System den Anschein von Geschichte, Epoche und Sinn zu geben.

Ihr Überleben als geschichtliche Figuren simuliert (so würde sich wohl Baudrillard ausdrücken) Geschichte, stiftet Sinn im Unsinn, Wert im Unwert. Der bewußte Umgang mit Pop-Wegwerfprodukten ist deshalb möglicherweise weniger verblendet als die von konservativen Rockfans vorgenommene Mythologisierung, das Leben und Wesen ihrer Helden als sinnstiftendes Vorbild zu verklären.

Von beliebigen Popbands wie den BACKSTREET BOYS gibt es zwar eine Unzahl von Emblemen (Shirts, Mützen, Schals, Anhänger etc.), aber meines Wissens keine Bootlegs; Liveaufnahmen, die ein ganz bestimmtes Konzert, ein ganz bestimmtes Datum, damit eine ganz bestimmte Befindlichkeit, eine Aura dokumentieren: Aufnahmen, die Rockfans gierig einsaugen, um das Wesen ihrer Stars zu ergründen, so wie der herkömmliche Kulturbetrieb auch einen Einkaufszettel zum Objekt seiner Analyse machen würde, wenn er nur von Franz Kafka stammte.

»Die ständige Registrierungsarbeit des Annalisten dient ebenfalls zur Verstärkung der Macht, sie ist ebenfalls eine Art Machtritual. Sie zeigt, daß das, was die Könige, die Souveräne tun, nie nichtig, nutzlos, klein ist, daß es nie unwürdig ist, berichtet zu werden«, schreibt Foucault über die Chronisten des 17. Jahrhunderts.[7] Bootlegs sind die Annalen der Rockmusik, Rockstars neben Filmschauspielern und Spitzensportlern mitunter die letzten Souveräne des Spätkapitalismus. Rockmusik ist also grundsätzlich sinnstiftend (deshalb wird sie früher oder später Einzug in die Universitäten halten), Pop neben seiner Funktion als kurzfristiger Verkaufsschlager dagegen eher sinnlos. Aus genau diesem Grund ist Punk tatsächlich eine Auflehnung gegen die ›ehrlichen‹ Rockikonen, gewesen und aus genau diesem Grund hat Punk den Trash, den Kulturmüll stets geliebt. Schlager, die Discomusik der Siebziger, blöde Filme mit Peter Alexander und Beppo Brehm sind lange vorm Schlager-Revival und Easy-Listening-Hype der Neunziger zu Kultgegenständen des Punk geworden, weil sich Gesellschaft in dieser stumpfen, manipulativen Eindimensionalität selbst entlarvt.

Die Dummheit, die Propaganda als Mittel zur Verdummung (auch im Fernsehen – Punk liebt Wim Toelke) an sich hat etwas unfreiwillig Anarchisches, weil hier eine Gesellschaft ihren totalen kulturellen Zerfall zelebriert, weil sie hier mit brutaler Offenheit preisgibt, lediglich aus bunt angestrahltem »white trash« zu bestehen. Im Wertlosen manifestiert sich die Wertlosigkeit des Bestehenden: Punk kann über Heino, Robert Lembke, Roberto Blanco, Walter Sparbier und Heinz Schenk lachen, weil an ihnen die Bruchstellen des Systems Form angenommen haben, weil die von ihnen verbreiteten Verhaltensmuster den zum Einsturz verurteilten Hohlkörper lebendig demonstrieren. Das unterscheidet den Trash vom vermeintlich seriösen Rock à la DEEP PURPLE.

Zur Erinnerung: Walter Sparbier ist der steinalte Rentner und Ex-Postbeamte in »Der große Preis« gewesen, der stets in einer anderen historischen Postuniform auftrat und diese mit einer fürs Öffentlich-Rechtliche unverkennbar abgefeierten Stimme vorstellte, die auf sechzig Jahre Reval-Konsum tippen läßt, um dann Lose für die »Aktion Sorgenkind« zu ziehen. Es gab übrigens auch eine Punkband aus dem Raum Karlsruhe, die den Namen WALTER UND DIE SPARBIERE trug. Was Punk an dieser Figur so verkultete? Vielleicht die Melodramatik des Proletariats, wer weiß.

Punk war Bewußtmachen der ›Rocklüge‹, einer sich auf Authentizität berufenden Scheinwelt. Auf die sinnstiftende Geschichte, zu der Rockmusik wurde, reagierte Punk mit der Entleerung. Doch was geschah? – Längst gibt es auch SEX PISTOLS-Bootlegs, längst ist auch Punk zum Dokument geworden, dem man eine ganz spezifische, verlorengegangene Aura nachsagt. Mehr noch: Die unakademische, antiintellektuelle Bewegung ist zum Grundstein der akademischen Beschäftigung mit Rock'n'Roll geworden. Es scheint sogar, als habe Punk durch seinen zerstörerischen Gestus gegenüber all dem, was hinter ihm lag, erst ein dezidiertes Geschichtsbewußtsein in bezug auf Rockmusik hervorgebracht, seine eigene Geschichte eingeschlossen.

Tim [BABE THE BLUE OX]: »Innerhalb der letzten 15 Jahre hat sich sehr viel verändert. Die Intellektuellen unserer Generation interessieren sich nicht mehr für die sogenannte E-Musik, der ganze historische Ballast ist ihnen scheißegal geworden – sie wollen Popkultur.
An amerikanischen Universitäten ist Pop zum absolut ernsthaften Studium geworden. Vor 15 Jahren wäre noch undenkbar gewesen, daß du dort anhand von Barthes-, Marx- und Lyotard-Texten über Bedeutung

und Inhalte von Rock diskutierst. Und dieser große Blow up kam eindeutig mit Punk, denn Punk war destruktiv. Klar, Punk hat das Intellektuelle gemieden wie der Teufel das Weihwasser. Und doch hat Punk eigentlich nichts anderes getan als das, was seit jeher Grundlage der Philosophie gewesen ist: Alles in Frage zu stellen. Guter Musik nach Punk hörst du an, daß sie diesen Schritt vollzogen hat.«

Alles weist darauf hin, daß Punk gegen seinen Willen wie kein anderes Moment in der Rockgeschichte analysiert und historisiert werden wird, weil erst durch Punk und New Wave Konzepte Einzug in die Popkultur erhielten, die mit denen der klassischen Kunstavantgarden vergleichbar sind. Nichts anderes behauptet Greil Marcus in *Lipstick Traces*, wenn er zwischen Dadaismus und Punk eine kausale Linie zieht, obwohl bezweifelt werden muß, daß Punk sich selbst in dieser Tradition gesehen hat.

Nicht, daß es nicht auch vor Punk avantgardistische und destruktive Momente gegeben hätte (z. B. bei Frank Zappa, den RESIDENTS, RED CRAYOLA u. a.), doch ein Einbruch, der als komplette, massenwirksame Bewegung jeglichen Illusionismus im Rock hat zertrümmern können, wurde erst mit Punk vollzogen. Ähnlich wie Marcel Duchamps Ready-Mades eine Zäsur innerhalb der künstlerischen Avantgarde darstellten, wirkte Punk destruktiv und selbstreflexiv auf die Rockmusik.

Natürlich muß man auch innerhalb des Punk unterscheiden und klar sehen, daß einige Punkbands selbst noch, stilistisch weniger radikal, mit einem Fuß im Rock'n'Roll standen (z. B. THE RAMONES, THE BOYS, STIFF LITTLE FINGERS, GENERATION X) – als Ganzes betrachtet bleibt der Bruch jedoch offenkundig.

Gegen eine ›falsche‹ Rock-Authentizität, die sich in Posen und im Erschaffen einer künstlichen Eigenwelt (nicht Gegenwelt) erschöpfte, gebärdete sich Punk oft selbst extrem – beinahe cartoonhaft übersteigert – authentisch (GG Allin, spätes Punk-Relikt, treibt dies auf die Spitze, scheißt und onaniert auf der Bühne, attackiert seine Zuhörer mit einem Messer). Er war in aggressivster Art ›echt‹ und doch auch distanziert – darauf bedacht, jegliche Form von unkritischer Identifikation seitens der Hörer von sich zu weisen. Seinen Ausdruck fand das zum Beispiel in einer über und über geschminkten Poly Styrene, die auf der

Bühne mit Zeilen wie »I'm a Clichee« jede falsche Identifikation von sich wies. Dieser Mix aus Selbstentblößung und Distanz wurde jedoch weniger von Punk als von Vertretern des New Wave auf die Spitze getrieben – die ich nicht starr von Punk trennen möchte, wie gewisse Dogmatiker das tun, da beide einer ähnlichen (Anti)Ästhetik entsprangen – etwa dem *Go 2*-Plattencover von XTC (»This is a record cover ...«), der *Chairs Missing*-LP von Wire und »(This Is Not A) Love Song« von P.I.L.

Seine auf den Gipfel getriebene Gier nach unverfälschtem Lebensvollzug, scheint es, hat Punk prädestiniert, posthum zum akademischen Objekt zu werden – im Guten wie im Schlechten: entweder als Leichenfledderei derer, die selbst nie ein Punkkonzert besucht hatten, oder aber als sinnvolle, lange fällige Würdigung eines Phänomens, das zu einem kulturgeschichtlich bedeutsamen Umbruch führte.

Eigentlich ging es also gar nicht darum, daß Punk mit seinem Drei-Akkord-Schema an die Anfänge des Rock 'n' Roll anknüpfte und nun einer Vielzahl von Musikern ermöglichte, einzusteigen, mitzumachen; primär war Punk deshalb ein so einschneidendes Ereignis, weil hier eine (kaputte) Form gefunden wurde, durch die der Wert beständiger Kunstwerke in Frage gestellt, das bürgerliche Kunstverständnis und dessen Vollendung im makellos-ungebrochenen Industrieprodukt negiert wurde.

Das serielle Produkt – sei es eine Thermoskanne oder ein Volks-wagen – steht am Ende eines Formbegriffs, der Zufall, Spontaneität und Einzigartigkeit (also jegliche Spur des Menschlichen) zu eliminieren versucht. Eine Kultur, die den Wert ihrer Kunstwerke in deren Zeitlosigkeit begründet sieht, kann den Fehler, den Makel, jene Spuren von Individualität, die das Anarchische, Unberechenbare ausdrücken, nicht dulden. Daher liest sich Marcel Duchamps als Kunstwerk ausgestelltes Pissoir wie ein Kommentar auf eine Gesellschaft, deren Vorstellung von Perfektion nur noch durch die Industrie eingelöst und vollendet werden kann.

Was heißt also Anti-Kunst? Zum Zeitpunkt, an dem Punk ansetzte, war Rockmusik selbst längst Abbild bürgerlicher Kunstvorstellung geworden. Einerseits handelte es sich, wie bereits hervorgehoben, um historisch gewordene Wachsfiguren (Elvis, Beatles, Jim Morrison und die komplette ›Woodstock generation‹), mit denen sich zu schmücken für ein Land ebenso wirksam geworden war wie mit Shakespeare und Edgar Allan Poe. Die große Fingerfertigkeit der Siebziger, das Spiel der Solisten um den Thron untermauerten da nur das Wetteifern der Popkultur mit einem genialischen Kunstbegriff, wie er in der Bildenden Kunst längst antiquiert war. In diesen Wettstreit um die gewandtesten Soli brach Punk als das Schlechte und Makelhafte ein. Seine grundsätzlich moralische Botschaft lautete: Nur das Fehlerhafte hat ein Anrecht darauf, als menschlich zu gelten. Bestandteil dieser im Pop/Rock der Siebziger überspielten menschlichen Geste waren auch Wut, Aggression, Schweiß und die häßliche Fratze.

Bezüglich der Hippies, des Psychedelic Rock und der sogenannten sexuellen Revolution hatten Soziologen stets den von Nietzsche entlehnten Begriff des Dionysischen parat, der Abkehr von beherrschter Vernunft. Doch erst mit Punk wurden tatsächlich die letzten Reste von Selbstbeherrschung über Bord geworfen, wurde die engelsgleiche Sanftheit der Hippies (besser: dem, was davon Mitte der Siebziger übriggeblieben war) ebenfalls als stilisiert verlacht. Punk war deshalb absolut körperbezogen – aber asexuell – und gleichzeitig absolut selbstbewußt, weil er die Vergänglichkeit kein bißchen mehr überspielte; weil er im Outfit und all seinen Äußerungen herauskehrte, wie sinnlos und verlogen es ist, mit unserer lausigen, dem Tod geweihten Existenz in einen Wettkampf treten zu wollen – sei es der Wettkampf des Schönen, der Wettkampf der Kunst oder aber der Glaube an die Dauerhaftigkeit von Werten, Gesetzen und Konventionen.

Punkrock ist Power, ist einfacher, mitsingbarer Refrain, der für eine Stimmung sorgt, die ihm oft den Ruf von Bierzelt-Musik eingebracht hat. Punkrock ist zuweilen destruktiv, aber nicht hoffnungslos depressiv. Dies unterscheidet ihn von Wave-Bands wie JOY DIVISION (nach ihrer aggressiven Frühphase). Punk akzeptiert das Fehlerhafte, Kaputte und Unvollkommene, verherrlicht es sogar – verweist darauf als ein neues, vielleicht besseres gesellschaftliches Prinzip. Mögen die Hippies, als ›Gammler‹ bezeichnet, auch in zerschlissenen Klamotten rumgelaufen sein: ihre Vision einer friedlichen Welt mitsamt oft religiösem, spirituell-esoterischem Überbau schloß den Glauben an dauerhafte Werte, an etwas Unvergängliches ein.

Im Punk dagegen ist alles vergänglich, also wertlos. Und erst im Bewußtsein der kompletten Wertlosigkeit konnte eine radikale Kritik am auf Tausch- und Warenwert begründeten Kapitalismus ihren Ausgang nehmen. Möglich wurde solch eine destabilisierende, absolut nicht friedfertige Negativutopie natürlich erst, nachdem der Hippie-Begriff selbst sehr diffus geworden und von einer einst vorhandenen Hippie-Radikalität nichts mehr zu spüren gewesen war. Man bedenke, daß zum Hippie-Phänomen auch einmal Bands wie die FUGS gehörten, kompromißlose, musikalisch dilettantische, also fast schon prä-punkige Polit-Aktivisten; Bands wie THE WHO; die flammende »Wild Thing«-Version von Jimi Hendrix oder die Song-Demontagen von Syd Barrett.

Andreas von den SHARON TATE'S CHILDREN aus Stuttgart machte diesen Bruch in Deutschland daran fest, daß in den Achtzigern von den unbeugsam kämpferischen Hippies nur noch als Legende die Rede war. Präsent waren dagegen die sogenannten Ökos, die Friedensmärschler mit ihrer Birkenstock- und Kräutertee-Ästhetik, dem Sozialarbeiter-Flair mit erschreckender Lethargie. Deshalb wollte er mit seiner Band, den SHARON TATE'S CHILDREN (bezeichnenderweise nach dem Charles-Manson-Opfer benannt und damit die Kehrseite des sanften Hippie-Glücks benennend), der jüngeren Hardcore-Generation bewußtmachen, daß es bereits vor Punk kämpferisch-rohe Musik gegeben hat, für die Gegenkultur mehr bedeutete, als nur die Mähne im Wind zu schütteln.

Denn auch in der Musik war von den Hippie-Ursprüngen Mitte der Siebziger nichts mehr zu hören. Richtete sich Punk nun tatsächlich gegen *Piper At The Gates Of Dawn* von PINK FLOYD oder nicht doch eher gegen deren spätere *Dark Side Of The Moon*? Gegen die ersten drei Platten von SOFT MACHINE oder nicht eher gegen deren spätes Jazzrock-Gedudel? Gegen Bands wie KING CRIMSON und GENTLE GIANT, die man selbst schon nicht mehr guten Gewissens als Hippies bezeichnen kann? Oder schließlich doch eher gegen den an Belanglosigkeit kaum mehr zu überbietenden Kollaps, den all dies durch Bands wie STYX, KANSAS und SUPERTRAMP erfuhr?

Betrachtet man die Hippie-Kultur in Hinblick auf ihre kämpferische Anfangsphase, so war die Falschheit bei Bands wie SUPERTRAMP komplett, bezog sie sich doch in ihrer Trivialisierung selbst bereits auf

Schwundformen der Hippiekultur. Diese Ergänzung nur deshalb, weil ›never trust a hippie‹ mißverständlich ist und grundsätzlich nur die Relikte meinen kann, mit denen Punk während seiner Entstehung tatsächlich konfrontiert war. Es bleibt also fraglich, ob Johnny Rotten bereits 1969 sein legendäres ›I hate Pink Floyd‹-T-Shirt getragen hätte.

Das Verhältnis zu ›den Hippies‹ und ihren Schwundformen war, ist und bleibt wohl immer historisch bedingt. So kann z. B. DIE BÖSE HAND (ein Projekt der beiden Punk-Bands BOXHAMSTERS und EA 80) 1994 eine Tribut-EP an E.L.O. aufnehmen, weil ihnen E.L.O. über die zeitliche Distanz als Kult gilt, während die Endsiebziger-Punkrocker in E.L.O. einen einzigen Haufen Schrott sahen.

Als stilistisch eng gestecktes Spiel der Dilettanten drehte sich Punk musikalisch sehr schnell im Kreis. Zu sagen, er wäre phantasielos geworden, ist keine gemeine Unterstellung, denn Phantasielosigkeit war von Anfang an musikalisches Hauptmerkmal des Punk.

Die Legende vom Hippiehasser Sid Vicious, der im Batik-Dasein seiner Mutter alles Widerwärtige und Bekämpfenswerte vereint sah, bestätigt zumindest eine Tendenz im Punk, Hippie-Begriffen wie ›Kreativität‹ und ›Phantasie‹ distanziert gegenüberzustehen. Natürlich waren auch die Punks kreativ, aber sie drehten den Spieß um: ›Selbstverwirklichung‹, eine Hippie-Vokabel, die im ›Be yourself‹ der Punks wiederkehrte, hieß nun, seinen Haß und Ekel auszuleben. »I wanna destroy passers-by« (SEX PISTOLS) tritt an die Stelle eines »All you need is Love«.

Um Ekel auszudrücken, taugt weder eine poetische, bilderreiche Sprache noch eine filigrane Musik. Grobschlächtig mußte die Musik sein, so unbedingt und ohne Zögern wie physische Gewalt, als deren Ventil sie häufig eingesetzt wurde. Daß diese Einfachheit es Anfängern und Dilettanten erlaubte, einzusteigen, war dabei eher ein positiver Nebenaspekt. Margaret von der britischen Wave-Band MOONSHAKE trifft deshalb nur die halbe Wahrheit, wenn sie 1994 behauptet: »Sampling ist mehr Punk, als Punk jemals Punk war, denn mit Sampling hat nun endgültig jeder die Möglichkeit, zum Musiker zu werden.«

Wenn es wirklich darum gegangen wäre, mit Punk – frei nach Joseph Beuys (»Jeder Mensch ist ein Künstler«) und John Cage (»Jeder

Ton ist Musik«) – eine Art demokratisches Prinzip zu verwirklichen, hätte Punk wohl kaum die zum Teil noch stümperhafteren Stücke der Wave-Bands seinerzeit als ›Kunstscheiße‹ abgelehnt. Aber genau die Phantasie, die Gruppen wie DER PLAN, DIE TÖDLICHE DORIS und LEMON KITTENS dazu brachte, minimalistischen Noise und naive Kinderlieder aufzunehmen, war den Ur-Punks ein Dorn im Auge, war ihnen bloß Fortführung der Hippie-Ästhetik mit anderen Mitteln. – Womit sie, historisch gesehen, recht hatten, sich dafür aber oft gegenüber der wesentlich interessanteren und formal nicht selten anarchischeren Musik sperrten.

Punk lebt von der ihm oft mit negativem Unterton nachgesagten Stumpfheit, lebt vom erbärmlichen Gitarrensound, lebt von dieser Intoleranz gegenüber aller Musik, die auf etwas anderes, etwas ›Höheres‹ als Wut und bloße Entladung abzielt. Deshalb mag Sampling demokratischer sein, entspringt aber doch einer ganz anderen Ästhetik, bedarf einer wesentlich distanzierteren Herangehensweise an Musik. Denn eines war Punk wirklich nie: abgeklärt. ›No future‹ ging Hand in Hand mit absoluter, kriegerischer Aufbruchsstimmung. Im »Widerspruch von Anfangsvision und Schlußbild«, den Hans Robert Jauß der Avantgarde der zwanziger Jahre bescheinigt,[8] nahm Punk oft nur noch eine Sache tierisch ernst: sich selbst.

Hardcore,
die Verwaltung des Chaos

1. Melodiecore

In der Entwicklung von Hardcore aus Punk heraus kann man grob drei Wege unterscheiden. Zum ersten die Punk am nahestehendste Variante: melodische Songs zu harten Gitarrenriffs, einfache Songstruktur (Strophe, Refrain, in der Regel ohne Solo).

Dieser kalifornische Stil, unter anderem bekannt geworden durch Bands wie AGENT ORANGE, LEMONHEADS, HÜSKER DÜ nach *Zen Arcade*, BAD RELIGION, NOFX, DESCENDENTS, HARD-ONS, COFFIN BREAK, MOVING TARGETS und CHEMICAL PEOPLE, ist am ehesten noch der ersten Punk-Generation, melodischen Bands wie den BUZZCOCKS und THE BOYS verpflichtet, klingt aber meist wesentlich geschliffener, ist im Laufe der Jahre trotz gleichgebliebener Schlichtheit musikalisch immer sauberer geworden.

Viele deutsche Bands, die unter dem Begriff ›Fun Punk‹ von der Hardcore-Szene eher mit Naserümpfen behandelt werden (z.B. ABSTÜRZENDE BRIEFTAUBEN, DIMPLE MINDS, FROHLIX), klingen wie eine deutschsprachige Variante des kalifornischen Gute-Laune-Stils. Co von den BOXHAMSTERS sagt daher mit geknicktem Stolz: »Die DESCENDENTS haben auch Fun-Punk gemacht, aber niemand nimmt es ihnen krumm, weil man gegenüber Amis mit anderem Maß mißt.«

Ist all dies noch Punk oder schon Hardcore? – Eigentlich, streng beurteilt, weder noch. Indem diese Musik das Kaputte, Destruktive und

Fehlerhafte von Punk verloren hat, damit also das Punk-Spezifische, spielt sie nur noch mit den Elementen der Vergangenheit, trifft nicht mehr das eigentliche ästhetische Prinzip. Selbst die Texte haben oft nichts mehr, was auf Punk zurückverweist: Love Stories und Bewältigung von Alltagsstreß haben da Verweigerung und Anarchie abgelöst.

THE DESCENDENTS: *I Don't want To Grow Up* LP (1987). Einer der größten Punk-Träume: ja nie erwachsen werden!

Der (zugegeben erstklassige) Song »I don't wanna grow up« von den DESCENDENTS verdeutlicht ganz treffend die Lebensanschauung vieler Melodiepunker: es ist Teenager-Unlust (nicht mal Wut oder gar Rebellion) gegenüber der Stupidität des Alltags, der Schule, des Jobs. Kein tiefes Mißtrauen gegen das Gesellschaftssystem, sondern infantiles ›Bäh!‹, das seinen Spaß einfordert: Partys, Girls, Power, Rock'n' Roll – also ganz die »Rock'n'Roll-Highschool«-Tradition der RAMONES.

Abgesehen von HÜSKER DÜ, denen es gelang, trotz Popmelodien Zerrissenheit, ein hohes Maß an Entfremdung und Aggressivität rüberzubringen, sind diese Melodiebands ein eigenartiges Phänomen: Sie, die Punk zugänglich und leicht konsumierbar gemacht haben, werden in der Hardcore-Szene gerne gehört, beherrschen die Kassettenrekorder der AJZs dieser Welt; von der Politik und dem Denken der Autonomen weit entfernt, aber doch oft deren liebstes musikalisches Futter.

Nur manchmal, wenn das Auftreten dieser Wohlstands-Teenager mit zerschlissenen Hosen zu sehr vom Selbstverständnis der Linken abweicht, wird Protest angemeldet, etwa bei diversen Sexismen – wenn es denn welche waren – (Pin-up-Girl mit Peitsche als NOFX-Cover), obwohl man auch da noch zaghaft mit seinen Schäfchen umgeht. Meines Wissens hat sich nie jemand daran gestört, daß die australischen HARD-ONS schon durch ihren Bandnamen (von diversen Äußerungen in Interviews ganz zu schweigen) die geilen Schwänze rauskehren. All diese melodischen, leicht konsumierbaren Bands scheinen das Bedürfnis nach

Entspannung zu befriedigen: Hier kann der Rebell abschalten, hier darf er es auch, denn da die Strukturen noch entfernt an Punk erinnern, eignen sich diese Bands wunderbar als Kneipensoundtrack, bei dem niemand mehr hinhören muß.

Bands wie NOFX und BAD RELIGION sind natürlich dadurch, daß sie (noch) nicht im Radio gespielt werden, keinen Deut besser (d.h. untergründiger) als ihre Partyrock Vorgänger KISS oder CHEAP TRICK. Aber sie bewahren den nostalgischen Schein von Punk und geben einer oft konservativen Szene damit genau das, was sie braucht: Selbstbestätigung auch noch im Abglanz und Abgesang.

2. Von Hard zu Hate: Die Simulation der Gewalt

Zweite Variante: ›schneller, lauter, härter‹, nicht unbedingt immer alles in einer Band vereint. Noch haßerfüllter als Punk erscheinen (man höre das CIRCLE JERKS-Debüt, *Damaged* von BLACK FLAG und *Age Of Quarrel* von den CRO MAGS, MINOR THREAT, vor allem aber die ersten beiden Alben der AGNOSTIC FRONT), keifender und wütender Gesang: Sänger, die zu schnaubenden Raubtieren wurden. Wenn es eine Punkband gab, die ihnen in knapper, konzentrierter Energie vorausging, dann sind es DISCHARGE gewesen.

Keine andere relativ frühe Punkband wurde von der Hardcore-Generation so oft bewußt kopiert wie DISCHARGE (und das noch 1993/ 94 durch DISGUST auf Earache Records und TOTAL CHAOS auf Epitaph Records). Was daran liegen mag, daß ihre Songs tatsächlich mit so wenigen Riffs auskamen, daß sie jeder Laie nachspielen kann, daß der Gitarrensound und der Gesang allerdings schon all das herausgearbeitet hatten, was später einmal Hardcore genannt werden sollte.

Ganz abgesehen davon, daß ihre Texte anarchischer Protest gewesen sind, knappe, auch noch unter Höchstgeschwindigkeit zu verstehende Parolen – und dadurch im Gegensatz etwa zu Jello Biafras uferlosen, barock ausgeschmückten Analysen von Macht und Korruption leicht kopierbar.

Damit also begann der eigentliche US-amerikanische Hardcore: Härter als Punk sein, das hieß vor allem, jeglichen Spaß (wie ihn Black Flag beispielsweise noch ganz zu Beginn in Songs wie »Six Pack« und »TV Party« hatten) abzustreifen, der Welt ernst, böse und zum Kampf bereit entgegenzutreten.

Und weil auch Melodien das Gefühl von Lebensfreude aufkommen lassen, sind die Hardcore-Originale nie melodisch gewesen. Bands wie Agnostic Front und Youth Of Today orientierten sich auch hier – nicht nur in Sachen Kleidung – eher an der Oi-Bewegung als am Punk: ihre Refrains konnte man mitgrölen, nicht mitsingen.

Slamdance, die neue Variante, sich zur Musik zu bewegen, die den Pogo ablöste, war höchst aggressiv: ein Tanz, der sich an einer Musik orientieren mußte, die weder Melodie noch Groove hatte.

> Rob [Cro Mags]: »Alles, was ich hasse, tanze ich aus mir heraus. Dabei drehe ich einfach durch, und deswegen tanze ich auch. Es ist wie in einem Dschungel – anstatt daß wir alle zusammenhalten, ist es wie im Dschungel. Genauso, wie sie es haben wollen: daß jeder sich von dem anderen einschüchtern läßt, um die Leute ja nicht zusammenkommen zu lassen. Aber das Tanzen ist toll, ein tolles Ventil.
> Ich versuche nie absichtlich, jemandem weh zu tun, und wenn ich es täte, würden sie es wahrscheinlich gar nicht merken.«
> D. Mercedes/J. Felui: Wißt ihr, ob's in England auch Slam-Dancing gibt?
> Harley Flanagan [Cro Mags]: »Nein, die tanzen Pogo. Nicht mal Pogo, die hopsen nur rauf und *runter*.«
> [J. Ammann: *Who's Been Sleeping In My Brain? – Interviews Post Punk*]

Musik, Slamdance und Stagediving – der Sprung in die Menge – sind der Versuch, in einer höchst angespannten, aggressiven Atmosphäre, in einem Knäuel von um sich schlagenden Leibern ein ekstatisches Gefühl der Selbstvergessenheit zu erlangen. (Spitze Zungen könnten jetzt anmerken, daß es im Rock schon immer nur darum ging und daß auch die Hippies nichts anderes wollten, daß also nur die Formen und Vorzeichen gewechselt wurden.) Es ist nicht nur einfach Mutprobe von Großstadt-Kids, sich in einer solchen Umgebung von aller Angst frei zu machen, sondern es ist die total übersteigerte, auf die Spitze getriebene

Nachinszenierung des als feindlich empfundenen Alltags, des sogenannten Großstadtdschungels gewesen. Besonders grotesk wurde dies inszeniert, wenn sich in deutschen Provinzstädten wie Homburg/Saar, Villingen-Schwenningen und Bad Dürkheim die Stagediver im Military-Look in ein New York träumten, gegen dessen soziale Spannungen die Rituale der Originale doch zugleich revoltierten. Ein Phänomen, das als Ghetto-Nostalgie auch in der deutschen HipHop-Rezeption bekannt ist. Der Wunsch, so richtig echter Teil der Slums zu sein, um diesen Zustand auch so richtig authentisch anprangern zu können. Ein häufig besonders abstoßend vorgetragenes Ritual, wenn man bedenkt, woher der Begriff des Ghettos kommt, welches Menschen früher einmal nicht zum Verkauf von Schallplatten verhalf, sondern Vorstufe der Konzentrationslager war.

Hardcore negierte mit seinen Kampf-Szenarien sämtliche Konzerterfahrungen der Hippies – deren Suche nach Gemeinschaft, die vom Tanz aus den Hüften heraus bis zum Zuhören mit geschlossenen Augen reichte, dem Eintauchen in die Musik im beruhigten Wissen, von hunderten friedfertiger Menschen umgeben zu sein. Hardcore-Konzerte waren Gefahrensuche, eine Atmosphäre von Feindschaft oder zumindest deren Simulation, da am Ende doch fast jeder Stagediver von den anderen getragen wird. So also war lediglich eine andere, neue Form geboren, Gemeinschaft zu suchen und zu finden.

Möglicherweise ist dieses Tragen des anderen sogar konstitutiv für Hardcore in Abgrenzung zum ›Sid-Vicious-Punk‹ (jener Sid Vicious unterstellten Geste, mit dem Baß gelegentlich absichtlich ins Publikum geschlagen zu haben). Hier wird nicht mehr absichtlich getreten und geschlagen – und wenn es dann doch mal einer

»Plädoyer für Hass«: ZAP-Fanzine-Aufmacher aus dem August 1991. Hatecore-Verehrer und Herausgeber Moses Arndt predigt die positive, aufbauende Wirkung, die Hass auf die Gesellschaft haben kann.

tut (Henry Rollins beispielsweise), entsetzt sich die Szene, kommt es in den Fanzines zu einem großen Leserbrief-Gefecht.

> Scott Kelly [NEUROSIS]: »Die Hippies sind und bleiben unsere Erzfeinde, weil sie vorgaben, Kinder der Natur zu sein, aber in Wirklichkeit ihre Natur geleugnet haben. Sie glaubten, ihre ›happy family‹, dieses dumpfe Leben in Liebe, Drogen und Tanz, wäre ein Ausdruck von Freiheit, habe etwas mit Natur zu tun. Blindheit war es! Mir wird schlecht, wenn ich all diese Gestalten vor mir sehe, wie sie damals auf einem GRATEFUL-DEAD-Konzert mit Grinsen im Gesicht abhingen und nur noch ein verzücktes ›La La La‹ wimmern konnten. Das ist die Vision der Hölle: eine unzählbare, gezähmte Masse von grinsenden Gesichtern.«

Im Zitat von Scott Kelly zeigt sich die Ambivalenz, die von einem intensiven Hardcore-Gig ausgeht: Einerseits haben alle Anwesenden größtenteils zueinander Vertrauen, sehen sich als homogene Gemeinschaft, die dem draußen tobenden Krieg eine Vision der eigentlich friedfertigen Anarchie entgegenhält, andererseits jedoch funktioniert dieses Vertrauen nur über die Darstellung bzw. Nachahmung von Gewalt, dem erlösend destruktiven Gefühl von äußerster Anspannung, »als ob ein Wagen mit dreihundert PS gegen eine Betonwand knallt« (Henry Rollins). Ambivalenz auch durch das Menschenbild, das Scott Kelly vermittelt: Wenn die Friedfertigkeit der Hippies tatsächlich ihrer Natur, der Natur des Menschen widersprach, dann kann der Mensch nur noch in Krieg und Kampf zu sich selbst finden.

Dunkle Visionen vom Hobbesschen Weltbild kommen in den Sinn – doch gerade hier setzt Hardcore als Ventil ein: Im Gegensatz zu Hobbes' staatenbildender, Staatsgewalt setzender Annahme, die Menschen befänden sich im ständigen Krieg zueinander und müßten daher kraft einer Autorität zur Friedfertigkeit gezwungen werden (woraus sich im Grunde bis heute Staaten legitimieren und anarchischen Kräften entgegenwirken), zelebriert Hardcore den Krieg, um einer verlogenen Befriedung der Gesellschaft entgegenzuwirken, um diese als einen ›Krieg mit anderen Mitteln‹ bloßzulegen.

Henry Rollins: »Es geht doch darum, der Geschmeidigkeit entgegenzuarbeiten, einem Frieden, der nur darauf beruht, daß die Glieder der Gesellschaft beruhigt und fremdbestimmt zu leben gezwungen sind. Hier kann ich einsetzen, Power zeigen, die diese Lüge der Sanftheit durcheinanderwirbelt.«

Henry Rollins

Du hast dazu die Möglichkeit. Doch was ist mit den Menschen, die nicht dazu fähig sind, sich durch Sprache oder Musik auszudrücken?

Rollins: »Auch denen ist es möglich. Der Mensch braucht keine Gitarre und kein Maschinengewehr, um sich auszudrücken. Man kann sich auch ausdrücken, indem man sich auf eine Parkbank setzt und Tauben füttert. Sobald du erkennst, daß du einen Raum hast, in dem du frei bist, nutze ihn und bewahre ihn! Ich halte es mit James Brown: ›Revolution of the mind‹. Das reicht doch! Let your mind get free and your ass will follow.«

Hardcore ist nicht nur musikalisch Beschleunigung, dieses ›schneller, lauter, härter‹, sondern er beschleunigt mit seinem offenen Kampf vor allem den Zerfall dieser Gesellschaft. Ähnlich liest sich ein Kommentar des Philosophen Jean Baudrillard auf die Frage, ob er ein Schwarzmaler sei: »Ja, vielleicht in einem Sinne ja. In dem Sinne, daß das System auf die Spitze getrieben werden muß, wenn man damit wirklich zu einem Ende kommen will. Ich bin nicht für ein Maß.«[9]

In genau diesem Sinne arbeitet Hardcore der Befriedung entgegen: Liebe und Friedfertigkeit der Hippies sind in den Achtzigern längst zu Waffen der Macht geworden, die bestehende Gesellschaft als Ideal hedonistischer Selbstverwirklichung zu verkaufen (nicht umsonst lautet die Schlußfolgerung, daß die Hippies von gestern die Yuppies von heute geworden sind). Eingebettet in eine Gesellschaft, die sich gerade über vorgegebene Toleranz bestätigt und erhält, die ›Individualität‹ geradezu als Zeichen von Integration und Leistungsfähigkeit ansieht, haben sich Hardcore-Bands der ersten Stunde dafür entschieden, dem Unmaß an Zärtlichkeit und vorgegebener Wärme, über das sich sämtliche Produkte der westlichen Welt anpreisen, genau die Kälte und Uniformiertheit entgegenzuhalten, die sich hinter all diesen Pastellfarben versteckt.

Das Problem, das sich hierbei immer wieder stellt und das schon im ›Middle Class Fantasies‹-Kapitel angesprochen wurde: Kann man Gesellschaftskritik und die Forderung nach uneingeschränktem Spaß (die Punk/Hardcore ästhetisch trägt) in eins setzen? Ein Schlüsselsong des Punk, ausnahmsweise eine Coverversion, bereits bei Greil Marcus gewürdigt, ist Jonathan Richmans »Roadrunner« auf *The Great Rock'n' Roll Swindle* von den Sex Pistols. Wie ironisch-distanziert meint es Richman, wenn er davon singt, seinen Wagen auf Hochtouren zu bringen, was schließlich im »I feel in touch with the modern times« gipfelt? Wie ironisch meinen es die Sex Pistols, die diesen Song doch eher als ausdrückliches Tribut covern?

Wie, kann man weiter fragen, verträgt sich der rasend schnelle Napalm Death-Beat mit einer Maschinisierungs-Kritik? Kann ich gleichzeitig emphatisch zu dem headbangen, was ich abzulehnen vorgebe? Wird die Kritik in diesem Fall nicht eher zur Farce? Teil einer Einstellung, welche die ›modern times‹ ja eigentlich ganz okay findet, solange das eigene Vergnügen garantiert ist?

Die gesellschaftskritische Komponente bleibt hier ungelöst. Doch gerade dieses in der Schwebe Gehaltene, was Punk so radikal vom herkömmlichen Protestsong abgrenzt, hebt sich dadurch so angenehm ab, daß es nicht didaktisch daherkommt.

Soll heißen: Ein Punksong ›klappt‹ nicht, wenn er in seiner Kritik zu eindeutig angelegt ist. Entgegen gewisser moralischer Bedenken tritt die kritisch-zersetzende Wirkung von Punk und Hardcore wahrscheinlich dort am stärksten zutage, wo das vitale Aufgehen im Jetzt, die Verherrlichung im ›touch with the modern times‹ weiterhin den Takt angibt und damit etwas von dem vermittelt, was Theodor W. Adorno die

»Mimesis ans Entfremdete und Verhärtete« genannt hatte. Für Adorno bestand eine große Leistung zeitgenössischer Kunst und Literatur – etwa bei Samuel Beckett – darin, die gesellschaftliche Entfremdung nicht einfach kritisch zu benennen, sondern ihre Ausdrucksmittel dem Schein nach zu übernehmen. Mimesis, also Nachahmung des Entfremdeten, bedeutete, die Kaputtheit als Stilmittel einzusetzen, ohne sie gleich didaktisch anzuprangern.

Vic Bondy [Articles Of Faith]: »Kennst du die Ursprünge des Begriffs Hardcore? Sie liegen im Vietnamkrieg. Die amerikanischen Soldaten hatten ein Ritual: Wenn ein Soldat neu nach Vietnam kam, nannte man ihn ›a cherry‹. Worum es ging, war, ihn ›Hardcore‹ zu machen. Jemanden ›Hardcore zu machen‹ bedeutete, er solle töten können, ohne mit der Wimper zu zucken. Du warst also Hardcore, wenn du morden konntest, ohne zu zögern. In den Siebzigern wurde der Begriff dann in der Pornographie verwendet, und später eben in der Musik. In allen drei Fällen hatte der Begriff ›Hardcore‹ in gewisser Weise etwas fast Unmenschliches. In Vietnam bedeutete er, deine Menschlichkeit für Mord zu opfern. In der Pornographie bedeutete er die Abschaffung der Bedeutung von Liebe und Sex, Reduzierung auf eine rein mechanische Angelegenheit. Und in der Musik schließlich war Hardcore ursprünglich eine Art von Musik, die so brutal war, so intensiv und bösartig, daß die Mehrheit der Leute sie sich nicht anhören konnte.« [*Headspin*-Interview 1994]

Hardcore ist in den seltensten Fällen Gewalt und Haß um seiner selbst willen gewesen, sondern krasse Bestandsaufnahme einer sich in Friedfertigkeit wiegenden gesellschaftlichen Gewalt, die gerade dadurch die Hoffnung auf Anarchie – also Selbstbestimmung der Menschen – aufgegeben hat, daß sie geschickt mit der Dialektik von gewährter Freiheit und bedrohlich dagegen lauernder Gewalt operiert.

Die Medien suggerieren im Nebeneinander von Terror und Talkshow gekonnt, daß jegliche Form von Freiheit längst gewährleistet ist und also niemand mehr sein Recht auf Selbstverwirklichung einklagen muß. Schwule und Lesben, politische Gegner, fernöstliche Esoteriker, Transsexuelle, Aussteiger und Querulanten kommen in der bunten Talkshow-Welt zu Wort, werden ›verstanden‹, besitzen Sprachrecht – und korrespondieren mit Meldungen von Straßenschlachten und Aufständen, gegen die sich ein Bürger angesichts des gewährleisteten Pluralismus empören muß. Was ›die‹ überhaupt noch wollen, fragt man sich da inmitten des himmlischen Friedens allseits gewährter Toleranz.

Kein Wunder also, daß Scott Kelly von Neurosis das Spiel um die ›political correctness‹ Anfang der Neunziger als Schattengefecht zu spät gekommener Hippies verurteilt: »Diese Hobbyterroristen tanzen auf der Nase des Systems herum, dem sie mit ihrer bescheuerten Korrektheit nur helfen, die Symptome der Krankheit weiterhin zu vertuschen.« – Wobei nicht die geforderte, sondern die in den Medien geheuchelte ›korrekte‹ Gleichstellung aller das Problem darstellt.

Hardcore definiert sich geradezu aus dem scheinbaren Paradox heraus, Musik und Lebenseinstellung von Menschen zu sein, die ein hyperkorrektes Leben führen, trotz allen ›no future‹-Sprüchen auf die Umwälzung sämtlicher Verhältnisse zugunsten einer humanen Zukunft hoffen, sich aber kompromißlos gewalttätig gebärden, da in dieser Gesellschaft jegliche Form von Sanftheit Kooperation mit dem vorgeheuchelten Zustand der Befriedung bedeuten würde.

Eine kurze Szene in Woody Allens *Hannah und ihre Schwestern*, gedreht aus dem Blickwinkel des neurotischen, zappeligen amerikanischen Bildungsbürgers, verdeutlicht die ganze Schlagkraft, die Hardcore zu dieser Zeit (der Film kam 1986 in die Kinos) hatte: Woody Allen flüchtet voller Angst aus dem CBGB's – damals bekanntester New Yorker Konzertort für Underground/Hardcore-Bands –, weil die Musiker so aussahen, ›als ob sie gleich Geiseln nehmen‹. Konnte es etwas Werbewirksameres geben, als daß dieser Repräsentant der sogenannten intellektuellen Oberschicht eine eher drittklassig-zahme Underground-Band (ihr Name ist mir nicht einmal bekannt) mit Terrroristen gleichsetzte?

Heute, wo Rage Against The Machine in MTV den Ton angeben und der Tod von Kurt Kobain von *BILD* bis *ZEIT* pietätvollen Respekt gegenüber dem Sänger mit sich brachte, scheint diese Filmszene antiquiert. Doch durch sie wird noch einmal deutlich, daß Hardcore für ein paar Jahre – genauer gesagt: in den Achtzigern, dem Jahrzehnt der

Rückgewinnung kapitalistischen Selbstbewußtseins innerhalb der Industriestaaten – durch seine kriegerischen Gebärden tatsächlich als gestörter, zersetzender Abschaum empfunden wurde, soweit überhaupt wahrgenommen.

3. Jazzcore und der ganze Rest

Hardcore stur dreizuteilen in eine Melodie-Schiene, die Punk verpoppte und auch noch im totalen Tralala auf den Alternativ-Status pocht, in eine Haß-Noise-Trash-Prügel-Schiene als Böse-Buben-Image zartgliedriger Veganer (CARCASS) oder aufgequollener Opfer der Whopper-Industrie (POISON IDEA), drittens nun in die progressive Schiene, die gerne und häufig in die Nachbarschaft des Jazz gestellt wird ... nun, diese Schematisierung behagt mir selbst nicht. Sie vereinfacht womöglich zu sehr und macht als Schema doch etwas klar, worauf mich ein Freund hingewiesen hat, dem ich meine Sorge erzählte, möglicherweise ins Konstruieren zu geraten: Als Schema, meinte er, sei diese Dreiteilung aufschlußreich, weil sie zeigt, wie Hardcore die bisherige Rockgeschichte in der eigenen kleinen Subszene widerspiegelt oder sogar nachgeahmt hat. Wie hier ein sehr großes Publikum für Pop/Melodie und also sogenannten Mainstream geschaffen wurde (vergleiche BAD RELIGION mit STATUS QUO: Bands, die über Jahrzehnte von einer einzigen Melodie zehren); ein beachtlich populärer Randbereich für das Bedürfnis nach Härte und Haßkappe, also jungmännerhafter Abgrenzung, der mit Hardrock/Metal korrespondiert; und drittens jene Minderheiten- bzw. Elitenmusik unterm Jazz/Avantgarde-Stempel, die über kurz oder lang Einzug bei ARTE finden wird.

Folgt man dieser Argumentation, so ist das, was unter dem Begriff Jazzcore gehandelt wird, wie alle sogenannte E-Musik (oder besser: ›Zuhör-Musik‹) der Gefahr ausgesetzt, sich in kompletter Kunstsinnigkeit aufzulösen, zum intellektualisierten Abfallprodukt jener ungebrochenen Wildheit zu werden, die Punk doch einmal gewesen ist. Der Grat ist sehr schmal, also die Trennlinie zwischen Bands, die es schaffen, auf hohem musikalischen Niveau immer noch Punk-Energie zu bewahren, und jenen, die steife Konstruktion verquerer Riffs und Breaks mit Weiterentwicklung oder gar Radikalisierung verwechseln.

MINUTEMEN und NOMEANSNO sind beispielsweise nie irgendwie ›Jazz‹ (im szeneintern negativen Gebrauch des Begriffs) gewesen, sondern lediglich Bands, die das theatrale Repertoire von Punk gekonnt zu erweitern fähig waren, um mehr als nur Haß in die Gefühlspalette einzubringen. »Small Parts Isolated And Destroyed«, ein Song von NO-MEANSNO auf ihrer gleichnamigen Platte, löst diesen Titel nicht nur textlich, sondern auch musikalisch gekonnt ein: durch harte Breaks – wie mit dem Seziermesser gezogen – den Song zerstückeln, Einzelteile isolieren, damit zerstören, Sinnzusammenhänge als Konstrukte entlarven, der Anarchie eine musikalische Entsprechung geben, zumindest den Anschein von in Musik umsetzbarer Anarchie vermitteln (denn wirklich anarchisch wäre dann doch nur die totale, von Rhythmen und Strukturen losgelöste Improvisation gewesen). All das war ihr Verdienst – Hardcore ohne Crossover-Attitüde zu erweitern, nicht aber ihn im konventionellen Sinne zu verjazzen.

NOMEANSNO: *Small Parts Isolated And Destroyed* LP (1988). Der Begriff »Jazz-core« klang etwas gewaltig und irreführend, doch mit Bands wie NOMEANSNO war auch Hardcore so komplex geworden wie einst die Musik von Progressiv-rockern wie KING CRIMSON.

Rob Wright [NOMEANSNO]: »Man hat uns schon mit Charlie Parker und Strawinsky verglichen. Alles Bullshit. Unsere Musik funktioniert immer auf der Basis von Punk. Aber einer der ganz großen Fehler, die Punk begangen hat, ist diese fast schon mathematische Disziplinierung darauf gewesen, sich einer ganz bestimmte Art von Musik stets aufs Neue zu bedienen, einen ganz spezifischen Takt festzulegen. Wenn Punk wirklich das Bedürfnis nach Freiheit ist, dann muß das Gefühl, der ganz persönliche Ausdruck, an erster Stelle stehen, nicht der Stil. Mein Gott, ich würde etwas geben, auch nur eine Note von Strawinsky zu begreifen – aber darum geht es gar nicht. Es geht darum, aus dir herauszugehen, ohne danach zu schauen, ob dabei nebenbei auch noch so etwas wie Kunst entstehen könnte. Ganz im Sinne von Punk: Kunst ist sekundär, ja überflüssig. Aber so wenig wir uns über Kunst-Kategorien fassen lassen, sind auch Charlie Parker und Strawinsky als bloße Kunst faßbar.«

Voivod hatten auf dem Metal-Sektor erfolgreiche Vorarbeit geleistet: Von einer Trashband zur hochkomplexen Science-Fiction-Truppe ohne jeglichen Groove, aber voller technischer Überraschungen mutiert, wurden sie Vorzeigeobjekt für laute und harte Musik, der man lobend nachsagte, daß sie längst ›nicht mehr Metal‹ sei, sozusagen als Alibi, daß ›Schneller, lauter, härter‹ durchaus auch komplex (immer wieder gleichgesetzt mit ›anspruchsvoll‹ bzw. virtuos) daherkommen kann – eine Medaille, die dann auch sehr früh Victims Family verliehen wurde, einer Band mit Hardcore-Credibility, die mit ihren schrägen Riffs und abrupten Breaks dem Hardcore den Schluckauf lehrte. ›Angeber-Core‹ hat das mal einer genannt, der ihrem Konzert nach drei Songs den Rücken kehrte; und vielleicht trifft es diese Bezeichnung eher als jene Jazz-Etikette, die daran arbeitet, gewisse Core-Ableger in den vermeintlichen Himmel des bürgerlichen Feuilletons zu erheben – und damit den Musikern auch etwas aufbürdet, was sie rein technisch gar nicht leisten können.

Davon abgesehen wertet es aber auch den Jazz ab, jede beliebige Crossover-Kapelle, die mal vom 4/4-Takt abweicht oder ein Saxophon einsetzt, mit einer Jazz-Etikette zu versehen. Was für ein Jazz-Begriff liegt dem zugrunde? Beleidigt der nicht gerade die musikalisch wie gesellschaftlich emanzipatorische Tradition von John Coltrane bis Albert Ayler, von Ornette Coleman, Charlie Haden, Anthony Braxton, Cecil Taylor und Sun Ra?

Darum also ist die gesamte Spannbreite dessen, was im Dunstkreis von Hardcore als progressiv und jazzy gehandelt wird, stets nur am Einzelfall meßbar: Hier gibt es Tüftler voller Verkrampftheit, so gut gemeint das ›open minded‹ auch sein mag (Pullermann sind so ein Beispiel – voller verblüffender Ideen, aber in der Ausführung meist allzu steif), und andererseits auch gelungene Fusion, beispielsweise The Ex / Tom Cora, das Zusammenspiel einer Punkband aus Amsterdam mit einem Cellisten aus dem Henry Cow-Avantgarderock-Umfeld, wo ohne Verlust an Power Folklore, freie Improvisation und Patterns klassische Standards in das punkige ›straight ahead‹ einfließen. Hier funktioniert auch die libertäre Idee, Punk über einen Stil hinaus in eine geschichtliche Kontinuität einzubinden (im Miteinander von folkloristischen Freiheitsliedern und freier Improvisation).

Ähnlich gelungen und ›stilbildend‹ war auch die Aneignung von Punk/Hardcore durch Musiker, die diese Szene eher als Außenstehende verfolgt haben, die also tatsächlich als Jazzer und Art-School-Musiker Hardcore für sich erst relativ spät entdeckten.

Bemerkenswert, daß sich auch schon im Umfeld von Punk eine neue, ›harte‹ Schiene formierte, durch die sich Artrocker Ende der Siebziger in den Punk-Kontext einreihten (z. B. This Heat, Massacre, Material, The Pop Group, Tuxedomoon). Daß eine Band wie This Heat in diesem Zusammenhang unter sämtlichen Punk-Gesichtspunkten – wie Radikalität, Verweigerung, Ideologiekritik, Desillusionierung – weiter gegangen ist, als viele Punk-Bands ästhetisch je gehen konnten, wäre im Grunde ein eigenes Kapitel wert.

In den Neunzigern schließlich hielt Hardcore durch John Zorn Einzug in die Avantgardejazz-Szene der New Yorker Lower Eastside. Zorn war begeistert von der Energie, die Trash- und Hardcore-Konzerte vermitteln, einer Energie, die dem Geist von Free Jazz nahekam, aber doch einem anderen kulturellen Kontext entstammte, wesentlich direkter, ungehemmter und ohne den Zeigefinger der Avantgardeelite funktionierte, welche Freejazz im Lauf der Jahre mehr und mehr vereinnahmt und akademisiert hatte. (›Jazz Snobs Eat Shit!‹ – geflügeltes Wort aus einer Liveansage von John Zorn.) Mit seiner Band Naked City arbeitete er seit Ende der Achtziger an einem Amalgam aus den verschiedensten Musik-Standards, schnell zusammengeschnittenen Patterns, die den Eindruck vermitteln, hier drehe jemand am Radioknopf oder zappe sich durch die verschiedenen Musikkanäle, wobei die trashigen Hardcore-Fetzen zwischen Country- und Swing-Momenten für die nötige Schockwirkung sorgen. Durch diese Collage wurde erstmals wieder hörbar, wie radikal ohrenbetäubend Hardcore im Vergleich zu fast sämtlichen anderen musikalischen Sparten doch war bzw. noch ist.

Erst durch einen Außenstehenden, der Hardcore selbst als irritierenden Flash erlebte, erst durch den intellektuellen Plattensammler John Zorn, der Hardcore als bloßes Zitat in sein musikalisches Kaleidoskop einfügte, wurde die einzigartige Destruktivität dieser Musik abermals fühlbar. Im Spiel der Stile, das NAKED CITY betrieb, bleibt Hardcore stets Sieger, denn es ist hier die einzige Musik, die sich dem Leben in den Metropolen des ausgehenden 20. Jahrhunderts gewachsen zeigt, fähig, diese Realität als Sound wiederzugeben und damit in der Tat mit dem vergleichbar, was Jazz für die Großstädte in den 40er, 50er und 60er Jahren bedeutete.

Buried Secrets CD (1991) des John-Zorn-Projekts PAINKILLER. Schon das Cover-Artwork war ein eigenwilliger Mix aus Jazz-Ästhetik und Hardcore-Drastik.

Damit eignet sich Hardcore für NAKED CITY bestens, andere bestehende Formen populärer Musik als harmonietrunkene Fluchten in die Vergangenheit zu destruieren. Ohne selbst Teil der Hardcoreszene zu sein, haben NAKED CITY damit dem Hardcore-Slogan ›All you Hippies better start to face reality‹ ein beweiskräftiges Klangbeispiel gegeben. Gleichzeitig beharrt John Zorn zurecht darauf, daß Intensität keine Frage des Stils ist. Wer will schon Charles Mingus gegen BLACK FLAG ausspielen, John Coltrane gegen POISON IDEA?

Und noch etwas anderes wird deutlich: Zu der Zeit, als Jazzer überall damit begannen, Hardcore in ihr Repertoire aufzunehmen (NAKED CITY in New York, GOD in England, ALBOTH! in der Schweiz, DER BLAUE HIRSCH in Deutschland, GROUND ZERO in Tokyo), ist Hardcore selbst schon außerordentlich populär gewesen, stand bei den MTV-Studios auf der Schwelle. NAKED CITY, die in ihren Collagen die kompromißlose Härte dieser Musik herausarbeiteten, machten deutlich, was uns, die wir mit der Musik seit Punk aufgewachsen sind, gar nicht mehr auffällt: wie sehr unser Musikempfinden eine Frage der Sozialisation ist; wie schnell sich unser Ohr an Klänge gewöhnt, die Außenstehende als bloßen Krach, als abstoßendes Geräusch bezeichnen würden.

So sehr uns also NAKED CITY auf der einen Seite noch einmal die ganze Radikalität von Hardcore zeigten, die wir selbst gar nicht mehr wahrzunehmen fähig waren, wurde Hardcore selbst zu einem anerkannten Teil der Jugendkultur, seine abweisende Schärfe als solche also nicht mehr empfunden.

Daraus keimten die erstaunlichsten Blüten, etwa, daß der Jazzgitarrist Pat Metheny, dessen meist glattgebügelte Musik bisher als Untermalung für Telejournale bestens geeignet war, 1994 mit *Zero Tolerance For Silence* die Essenzen von Hardcore/Trash aufsaugte und damit wiederum die Generation seiner Hörer sachte für das Gehämmer sensibilisierte.

Die *ZEIT* schrieb dazu zwischen Irritation und zeitgeistigem Verständnis für alles irgendwie Neue:

>»Daß ›Zero tolerance for silence‹ als Produkt eines solide im Mainstream verankerten Massenkünstlers die mühsam aufgebaute Musiker-Hörer-Bindung stark erschüttern würde, war den Herrschaften seiner Plattenfirma offenbar voll bewußt. Denn sie ließen die fertigen Bänder anderthalb Jahre im Archiv liegen.
>
>Erst 1994, wo Panzerknacker-Bands wie Biohazard oder Pantera die Hitparade mit der Abrißbirne verwüsten, scheint die Zeit reif für eine Umwertung althergebrachter Werte.« [Die *ZEIT*, Juli 1994]

Spätestens hier war die Hardcorisierung sämtlicher Musikbereiche so weit getrieben, daß uns ein Phil Collins, der wie Henry Rollins klingt, und ein Chris De Burgh, der auf SICK OF IT ALL abfährt, nicht mehr wundern würde.

Break: Interview mit Vic Bondy

Unter den um die hundert Interviews, die ich im Laufe der Jahre geführt habe, halte ich das mit Vic Bondy, dem Sänger und Texter von ARTICLES OF FAITH (später ALLOY), 1992 im Backstageraum kurz vorm ARTICLES OF FAITH-Abschiedskonzert gehalten, für besonders bedeutsam, da es wie kaum ein anderes ›das Denken‹ der Hardcoreszene repräsentiert (ich verallgemeinere mal bewußt). Es repräsentiert nämlich sämtliche Widersprüche und Ungereimtheiten in Sachen Widerstand und Affirmation – darum habe ich dieses Interview hier nahezu komplett übernommen und trotz einiger Kürzungen keine Schönheitsfehler ausradiert.

Als Universitätsdozent kann Vic Bondy zwar nicht für ›Streetpunk‹ und die aus Straßengangs hervorgegangene erste Hardcore-Generation in New York sprechen; allerdings spürt man beim Wiederlesen die Haltung einer weite Teile von Hardcore prägenden linksintellektuellen Mittelschicht, die etwas unausgegoren versucht, angelesenes Wissen aus der Geschichte bürgerlich-humanistischer Kultur mit der Sehnsucht nach intensivem Outlaw-Dasein von Punk zu vereinen.

Dadurch entstehen Bruchstellen, die für die Lage, in der sich Hardcore befand, durchaus typisch sind – Bruchstellen, in denen sich jenes Zwitterwesen namens Hardcore ganz gut manifestiert, das nicht mehr ganz Bauch und uneingeschränktes ›Anti‹ im Sinne von Punk gewesen ist, sich aber trotz intellektuellem Ballast danach sehnte, den eigenen Bauch zu spüren.

Liest man sich Interviews mit anderen Ältergewordenen aus jener Zeit durch, etwa mit Jello Biafra (DEAD KENNEDYS), Ian McKaye (FUGAZI) und Rob Wright (NOMEANSNO), so wird man überall eine ähnliche Mischung entdecken: ein wehmütiger Blick auf eine fast schon verschwundene Szene (Haben wir zu schnell und intensiv gelebt? – ZAP-Autor Emil Elektrohler alias Thomas Lau sprach einmal davon, daß der Punk schon mit Dreißig in die Midlife-Crisis gerät); das Festhalten an politischem Aktivismus trotz Spuren von Resignation und Gefangensein; intellektuelle Empfindsamkeit und Härte dicht beieinander.

Die Europa- und Deutschland-Euphorie allerdings, die Vic Bondy hier nur ein halbes Jahr vor dem Rostocker Brandanschlag (allerdings schon nach Hoyerswerda) verbreitet, ist nur vor dem Hintergrund zu erklären, daß auch amerikanische Akademiker bezüglich der Alten Welt nicht sehr viel außerhalb ihrer Grenzen mitbekommen. Da helfen auch Kenntnisse in Sachen Nietzsche, Kant und Adorno nicht viel.

?: »Dein Artikel über Gewalt in Amerika, den du für das MOWER-Fanzine geschrieben hast, endet mit der Warnung, daß Europa auf dem besten Weg dazu ist, sich in Sachen Gewalt Amerika anzugleichen. Gibt es denn noch entscheidende Unterschiede zwischen eurer und unserer Gesellschaft?«

Vic Bondy: »Es ist in Europa noch nicht so schlimm. 24.000 Morde im letzten Jahr, das sagt die Statistik über Amerika. Morde, für ein Paar Tennisschuhe und für eine Jacke begangen. Aber warum müssen die Menschen in Angst leben? Jeder Mensch hat ein Recht darauf, frei von dieser Angst zu sein. Gewalt wird in Amerika durch Produkte wie ›Rambo‹ neutralisiert und formalisiert. Sie wird als ein Selbstverständnis des Erwachsenseins suggeriert, ein Selbstverständnis, das alle Amerikaner haben.
Gestern war ich in Bremen und habe mir dort die Kathedrale angesehen. Dieses Gebäude war überwältigend, ähnlich wie die Kirchen in Frankreich, also voller Licht und Anmut, eine Huldigung an die Schöpfung und das Leben. Wir Amerikaner kennen das nicht – Amerika hat keine humanistische Tradition. Die Amerikaner kennen

das Glück nicht, im Gegenteil, sie bekämpfen es, denn die Geschichte Amerikas ist antihuman. Die Amerikaner tun sich mit Alkohol und Sex schwer, weil dies Dinge sind, die den Menschen in einen glücklichen Zustand versetzen – einen Zustand, der unserer kapitalistischen Ideologie widerspricht. Wenn Deutsche von Kultur sprechen, dann meinen sie immer eine humanistische Kultur, zum Beispiel die Philosophie Immanuel Kants. Die Kultur Amerikas hat eine ganz andere Tradition: eine rassistische.

Jede Art von Freude wird bei uns bekämpft und in Bahnen gelenkt, die den Menschen ein Pseudo-Glück vorheucheln. Literatur, Musik und Film sind zu einer Light-Kultur geworden, denn man bekämpft jedes Kunstwerk erfolgreich, das Gehalt besitzt. Nur Oberfläche ist geduldet.

Vordergründig sieht es so aus, als würden die Amerikaner das Obszöne aus reiner Prüderie zensieren, doch in Wirklichkeit ist es eine Zensur, die versucht, jegliches intensive Gefühl und damit jegliche intensive Erkenntnis gegenüber der Realität zu verhindern. Ich sagte schon: Die Amerikaner bekämpfen das Glück – und da Erkenntnis und Wissen Glück ermöglichen, sind sie Feinde des Denkens. Der typische amerikanische Vorstadtbewohner ist das dümmste, zurückgebliebenste Wesen dieser Erde. Sein Leben ist völlig leer, der Sinn seiner Existenz ein Vakuum. Anstatt die Leere ihres Lebens zu erkennen, umgeben sich diese Existenzen mit nutzlosen Dingen, über die sie die Leere vergessen und also ignorieren können. Sie kaufen vermeintliche Ideen in Form von Produkten, um nicht auf Ideen zu kommen, die sie als Menschen erfüllen könnten.«

»Eine inhumane Gesellschaft bringt deiner Meinung nach also gleichzeitig auch eine inhumane Kultur mit sich.«

»Genau. Die amerikanische Kultur geht nicht von der Liebe zum Menschen aus, sondern von Zerstörung – das wird schon an Hemingway, dem bekanntesten amerikanischen Schriftsteller deutlich.

Seine Literatur ist rassistisch und inhuman wie die Gesellschaft, in der er lebte.

Das europäische Denken ist viel organischer, Hardcore und Punk also eigentlich Teil dieser Tradition, die Wirklichkeit anklagt und darauf hinarbeitet, ein besseres Leben zu erkämpfen, das Recht zur Freude einzuklagen. Allerdings stehe ich dem auch skeptisch gegenüber. Hier im Saal sind heute abend sicher auch sehr viele Leute, die all ihre jetzigen Ideen und Ideale wegwerfen werden, sich weigern werden, daran zurückzudenken, sobald sie etwas älter sind. Hardcore ist eine Komödie geworden, aber eine tragische. Die meisten können sich nämlich nicht vorstellen, damit älter zu werden, darin besteht der Fehler. Man kann es. Man kann dabeibleiben, auch wenn man die Musik satt geworden ist.«

»Rock'n'Roll ist längst Teil des ›American Way Of Life‹. Auch Hardcore. In gewisser Weise wirbt Rockmusik als Exportartikel für Amerika.«

»Als Elvis begonnen hat, ganz am Anfang seiner Karriere, war Rock sicher noch nicht institutionalisiert, sondern erst einmal ein Schock. Aber sofort haben die Geschäftsmänner bemerkt, daß sich damit sehr viel Geld machen läßt. In Amerika funktioniert alles nach diesem Prinzip: Alles Neue und Radikale wird aufgesaugt und darauf abgetastet, wie man es am besten in den kapitalistischen Prozeß eingliedern kann. Trotzdem bedeutet Rock Freiheit und Spaß, etwas, was ihm die Gesellschaft nie endgültig wird rauben können. Schwarze und Homosexuelle hatten durch Rock eine Möglichkeit, sich auszudrücken, glücklich zu sein. Nur, daß die Amerikaner alles daran setzen, intensives Glück zu zerstören, indem sie es in Mainstream umwandeln. Mainstream spiegelt Glück vor, ohne wirklich Glück und Erfüllung zu bereiten. Amerika ist eine Kultur, die zwar ständig über das Ficken nachdenkt, sich aber gleichzeitig dafür schämt, da sie nie gelernt hat, mit der Lust umzugehen. Alles, was Freude bereitet, wird mit einem schlechten Gewissen belegt: Alkohol, Drogen, Sex, Liebe und also jedes tiefere Fühlen und Denken.«

»Was ist denn der Grund dafür, Dummheit einer wie auch immer gearteten Erfüllung vorzuziehen?«

»Niemand weiß, was Glück alles auslösen kann. Es ist nicht kontrollierbar. Doch das kapitalistische System funktioniert nur, wenn auch der Katalog unserer Gefühle erstellt und ganz kontrollierbar ist. Dieses System arbeitet streng wissenschaftlich nach dem Prinzip von Ursache und Wirkung, wobei Wirkung immer auf Gewinnmaximierung abzielt.

Ein guter Orgasmus kann dein ganzes Leben verändern. So etwas kann die Gesellschaft nicht tolerieren, denn sie funktioniert nur, solange alle Kraft und alles Glück im Produktionsprozeß gesehen wird. Darum liefern Werbung, Fernsehen und Pop ein vorgegebenes, dosiertes und limitiertes Glück, das dich nicht aus den Bahnen wirft, das nirgends einen Anhaltspunkt gibt, einzuhalten und hinter die Kulissen deiner Existenz zu blicken.

Kein Mensch wird mit einem Wissen über diese Welt geboren. Um einen Begriff von Kant zu benutzen: Das Wissen über diese Welt besitzen wir nicht a priori. Es muß erlernt werden und kann aber nur erlernt werden innerhalb der Schranken, die dir deine Kultur vorgibt. Und die amerikanische Kultur ersetzt Glück durch Gewalt. Der erwachsene Mensch in Amerika ist ein gewalttätiger Mensch, der nicht nach humanen Gesichtspunkten handelt und denkt, sondern nach dem Gesetz von Kampf und Profit. Auch Hardcore ist so eine gewalttätige Scheiße geworden.«

»Gibt es dennoch eine Chance, die Menschen durch Kunst zu einem Blick hinter das Vorgegebene zu bewegen?«

»Musik ist wahrscheinlich der erste Schritt. Auch Nietzsche hat mich beeinflußt, aber das kam sehr viel später. Seine Philosophie ist ätzend und zerstörerisch, sie zertrümmert dein ganzes Weltbild: Schwarz wird Weiß und Weiß wird Schwarz. Er sieht die Falschheit hinter jeder Feststellung. So weit muß jeder Mensch in seinem Leben kommen: er muß für sich erst einmal alles zertrümmern, alles in Frage stellen – erst dann kann er den ersten Schritt tun, den ersten klaren Gedanken fassen. Adorno und Horkheimer sind damit noch weiter gegangen, indem sie analysiert haben, wie sehr sogar unsere Freude, unser Glücksempfinden geregelt und institutionalisiert ist. Ich denke, du mußt an diesen Punkt kommen und akzeptieren, daß Schwarz Weiß ist und Weiß Schwarz, denn erst dann wird es dir möglich sein, aus deiner eigenen Kenntnis heraus eine eigene Welt zu erschaffen, eine eigene Sprache und ein eigenes Denken.

Nichts hat mich so sehr deprimiert wie die Gedanken von Adorno. Sie sind so wahr, das ist das Schlimme. Er sagt, daß alles in unserer Zivilisation instrumentalisiert ist und rein funktionell abläuft. Unsere Gesellschaft hat den Menschen alles aus den Händen genommen und unter Spezialisten aufgeteilt. Was aber passiert in einer solchen Gesellschaft? Sie bildet perfekte Richter aus, perfekte Ärzte, perfekte Wissenschaftler und perfekte Lehrer. In dieser Gesellschaft sind automatisch auch die Revolutionen spezialisiert und perfekt, aber zum Scheitern verurteilt, da der Revolutionär nicht mehr die ganze Gesellschaft fassen kann, sondern nur noch das schmale Bild, das ihm als Rebell zugewiesen ist. Jeder begreift sich hier nur noch in dem Teil, der ihm zusteht – oder ihm zugewiesen wird –, und nicht mehr als Ganzes.«

ZWEITER TEIL

Hardcore –
das rückerlangte Spießertum?
Eine Chronik

»Punks klauen Gummibärchen beim Kaufhof – Polizeisirenen – die Polizei verwirrt – wo sind die Täter? – 10 Straßen weiter: Punks entglasen eine Schaufensterfront – Polizeisirenen – die Polizei kommt – zu sehen sind ein paar Punks, die ihren Rausch ausschlafen, einige andere, die in einer Eisdiele ihre Eis essen – wo sind die Täter? – Polizeisirenen …«
[Karl Nagel in: *ZAP*-Sondernummer »Chaostage Hannover 1984«]

Bisher habe ich die Dinge bewußt einfach gezeichnet: aus der Sicht der autonomen Linken ist Hardcore sicher in der Zeit vor seinem gehaltlichen Zerfall, dem Einzug in MTV, VIVA und der Entstehung von Zeitschriften wie *Visions*, eine Art Weiterentwicklung von Punk gewesen; ein Weg fort vom Chaos hin zu nächtelangen Diskussionen über Feminismus, Widerstandspraktiken und Resistenz, eine kritische Auseinandersetzung mit dem eigenen Standpunkt, dem Standpunkt der Linken in den Wirtschaftswachstums-Jahren ›unter Reagan, Thatcher und Kohl‹ (wie es bei Greil Marcus heißt), wobei das offensive Aufgebot an Staatsschutz (z.B. Wackersdorf, Startbahn West) gewiß auch Anteil an einer Verhärtung der politischen Fronten hatte – eine Verhärtung, durch die das anarchische Selbstbewußtsein von Punk und sein ungeformtes Um-sich-Schlagen fragwürdig wurde, nicht mehr ausreichend erschien als konkreter politischer Gegenentwurf.

Zum Teil hatten sich das die Punks mit Sicherheit selber zuzuschreiben: ein Großteil von ihnen gammelte pennerhaft und gegenüber allem, was um sie herum geschah, benebelt in deutschen Fußgängerzonen herum (wobei selbst noch ein vergammelter Punk ein angenehmerer Anblick ist als die meisten deutschen Fußgängerzonen, das sowieso), ein anderer, nicht unerheblicher Teil mutierte zum offenen Fascho-Skin.

Karl Nagel beschreibt die Zeit nach den legendären Chaostagen 1984 in Hannover als Beginn der Erstarrung und um sich greifenden Depression:

>»Die Szene hatte sich selbst völlig kastriert: alles dreht sich nur noch um ein einziges Thema: Nazis. Deutscher Punk verkam zu einer endlosen Wiederholung immergleicher Phrasen gegen Bullen, Nazis und Spießer, gepaart mit hemmungslosem Saufkult.
> [...] So musste man als echter Punk mittlerweile Antifaschist sein! Eigenes Verstehen war da egal. Wo aber blieb der Spaß, die Lebensfreude, die Power, eigene Ideen zu entwickeln? Nicht nur plattes Nachplappern linker Parolen, die auch nicht origineller werden, wenn sie mit einem Edding-Stift auf eine Punk-Jacke geschmiert sind!« [in: *ZAP*-Sondernummer »Chaostage«, Juli 1994]

Andererseits war die Kritik, die Hardcore-Kids und abtrünnige Ex-Punks ab etwa 1985 an Punk übten, ihre Abgrenzung von Punk, die den Begriff Hardcore mit sich brachte, so generell, daß damit auch all das an Punk getilgt wurde, worauf man hätte aufbauen können: Radikaler Individualismus, die gegen alle (auch linke) Ideologien freie Anarchie der Anfangstage, den rebellischen Spaß und die völlige Negation von Autorität bzw. Hierarchie. Gemeint sind damit auch der ganze kindlich-naive, farbenfrohe Aspekt, die Krampflosigkeit und die spontane Aktion.

Der neu entstandene Ernst warf ›die Bewegung‹ (d. i. Hardcore) als radikale Gegenmacht darum nicht selten um Jahre zurück: Nachdem der anarchische Freiheitsbegriff nicht mehr selbstverständlich war, begann ein zermürbendes Hin und Her von Bekenntnissen und ideologischen Bruchstücken, das Abtragen marxistischer, trotzkistischer, anarchistischer, feminisitischer, ökologischer und esoterischer Splitter. Während Punk mit Spaß auf und gegen die Gesellschaft reagierte, reagierte Hardcore in der Regel mit einem Gefühlsstrudel aus Trauer, Haß und Betroffenheit, dessen gebeuteltes Selbstbewußtsein bis zur Askese führte, der Selbstkasteiung von ›Straight Edge‹ – sex- und rauschfreies Karma.

Für alle, die sich in dieses Buch als Außenstehende eingeklinkt haben: Straight Edge, benannt nach dem gleichnamigen Song der Band MINOR THREAT aus Washington DC, ist eine in den USA entstandene, dort bis heute durchaus populäre Fraktion innerhalb der Hardcore-Bewegung, die Alkohol, Zigaretten und andere Rauschmittel strikt ablehnt und zum Teil sogar auf Sex verzichtet. Ihr Ziel, totale Kontrolle über sich und den eigenen Korper zu bewahren, hat durchaus etwas Mönchisches. Die kahlrasierten Schädel und sackartigen Kaputzenpullis erinnern auch optisch an einen Bettelorden. Ein mit Filzstift auf die Hand gemaltes »X« zeigt die Zugehörig-keit zur Edger-Gruppe. Ursprünglich war dieses »X« Erkennungszeichen in ameri-kanischen Clubs, an solche Leute keinen Alkohol auszuschenken. Die Straight-Edge-Anhänger tragen es freilich mit aske-tischem Stolz.

Betroffenheitsgazetten wie das *Amok-* (später *Confrontation-*)Fanzine, in denen die Gebetsmühle auf das ›richtige Leben‹ Nummer für Nummer kanonisiert wurde (›stay vegan!‹, ›don't smoke!‹, ›no violen-ce!‹ etc.), machten mit einem Schlag ins Gesicht klar, daß dies die Alternative zu Punk, die wir gesucht hatten, nicht sein

MINOR THREAT LP (Re-Release der beiden EPs von 1981): Hardcore-Klassiker in Sachen Power, Selbstbestimmung und positiver Grundeinstellung ... allerdings keine Straight-Edge-Gebrauchsanweisung.

konnte. Hier las sich Hardcore plötzlich wie eine Aufwärmung der spät-siebziger ›Ey Du!‹-Ökobewegung, jenem lustfeindliche Ausläufer der dagegen doch recht sympathischen Hippies: im Hardcore-Kodex gab es plötzlich mehr Regelverstöße, die es zu vermeiden galt, als tatsächliche Freiheiten. Da plötzlich löste sich Foucaults These einer ›Mikrophysik der Macht‹ ein: spürbarer noch als eine auf jeden Einzelnen ausgeübte Staatsmacht war hier ein Subsystem entstanden, das wiederum Macht-verhältnisse entwickelt hatte, wie sie offizielle Staatsmacht kaum strenger hätte setzen, verwalten und kontrollieren können. Je enger gefaßt die Regeln, wer und was Hardcore sei, nun wurden, desto häufiger erschien zynischerweise die Textzeile ›Be yourself!‹ in Liedern von Mutanten des Strafregisters ihrer eigenen kleinen Gegenwelt. Eine Unzahl von Fanzines seit etwa 1988, in denen sich ein untereinander deckungsgleicher Papierberg aus immer denselben Phrasen des ›Du sollst!‹ seiner selbst vergewisserte, blind und taub im eigenen Machttaumel das Bild vom einzig guten Menschen setzend. Hardcore wurde damit schon nach kurzer Blüte im Ahnen des eigenen Untergangs zur bloßen Ideologie, die gewaltsam um das eigene Überleben kämpfte.

Lange bevor die an amerikanischen Universitäten erstmals formulierte Forderung nach ›political correctness‹ auch in den deutschen Öffentlichkeit diskutiert wurde, bildete eine kleine Hardcore-Avantgarde starre Verhaltensweisen des ›p.c.‹ aus. Im Angesicht von Punk abweisend lustfeindlich, verbissen und aus heutiger Sicht natürlich grenzenlos pubertär.

An diesem Punkt des Textes gehe ich so weit, den ersten Teil dieses Buches als stellenweise konstruierte Sicht der ›ewig Guten‹ in Frage zu stellen: so notwendig eine Kritik an Punk gewesen ist, sind unterm Gesichtspunkt der Verweigerung (und nur darum geht es mir, nur darum kann es einer Subkultur gehen) die Kritiker meist kläglicher gescheitert als ein Punk, der mit Leberzirrhose auf offener Straße verreckte. (Nein, mir liegt es fern, Leberzirrhose als ein mögliches Ziel zu setzen, aber es könnte eine Form des Verschwindens sein, die zumindest davon frei geblieben ist, auf Macht mit der Konstruktion eigener Machtverhältnisse reagiert zu haben).

Das, was Karl Nagel als ideologisch verkrustetes Ende von Punk cirka 1985 beschreibt, wiederholte sich im Hardcore in weitaus kürzerem Zeitraum und weitaus extremer: ein Pin-up-Aufkleber auf der Gitarre konnte da schon zu Handgreiflichkeiten wegen Sexismus-Vorwurf führen; einer, der noch immer Pizza ›Salami‹ bestellte, mußte Gefahr laufen, als ›Aasfresser‹ zusammengeschlagen zu werden, jegliche Form von subtilem oder schwarzem Humor (z.B. die Hitler-Parodien von WHITE FLAG und deren ›Jail Jello‹-Motiv, das nach dem DEAD KEN-

NEDYS-Prozeß dazu aufrief, deren Sänger und Texter hinter Gitter zu bringen, sich aber zugleich auch auf Jello, ein Bandmitglied von WHITE FLAG, bezog) wurde wörtlich genommen und als feindliche Übernahme interpretiert. Was nicht wundert, da Ideologen in allem, was sie nicht verstehen, in allem also, was nicht ihrem Kanon entspricht, wiederum nichts anderes als Ideologie wittern.

WHITE FLAG, Split-LP mit den NECROS: *Jail Jello* (1986). Ein Spaß auf Kollegen Jello Biafra von den Dead Kennedys, der damals wegen angeblich obszönem Cover-Artwork vor Gericht stand.

So sehr das Einhalten der Regeln auch unter einem ›think for yourself‹ verkauft wurde (was den Widerhall in verschiedenen Sekten-/Glaubenskonstruktionen findet – nicht umsonst teilweise die Verstrickung von Hardcore und Krishna-Bewegung – siehe CRO MAGS), war selbständiges Denken und Entscheiden durch bloße Formalitäten ersetzt worden: Anarchie mußte dem totalen, absoluten Zwang zum Guten weichen.

Pat Fear [WHITE FLAG]: »Punk Rock sollte provokativ sein, dich zum Nachdenken bringen und dir klar machen, daß in dieser Welt nicht alles schön und in Ordnung ist, weder in der Punkszene noch außerhalb. Manchmal können die Leute das nicht verstehen, aber ich bin ein ›Altpunk‹ und ich erinnere mich daran!«

1989, zu der Zeit, als Pat Fear dies in Deutschland gegen diverse Faschismus Vorwürfe äußerte, wurde so manche Provokation schon nicht mehr verstanden. Und gerade auch darum war dies eine Zeit, in der immer mehr Bands sich nur als ›Joke‹ gründeten, um sich über die Starrheiten innerhalb der eigenen Szene lustig zu machen. CRUCIAL YOUTH beispielsweise, eine Band, die die Idee von Straight Edge noch einmal steigerte und sich unter anderem fragte, ob Jesus denn wirklich der Messias sein könnte, wo er doch Wasser in Wein verwandelt habe, mußten leider notwendig Blindgänger bleiben – von Außenstehenden weder verstanden noch registriert, da ihr Humor bloß im Bezugssystem der eigenen Szene hätte zünden können, von dieser Szene jedoch erstaunt und ängstlich wie Mondgestein abgeklopft wurde: Meinen die das jetzt wirklich ernst?

Aber: konnte man das überhaupt noch abschätzen? Zu einer Zeit, wo kein Schwachsinn mehr derb genug war, nicht doch um des Guten Willen überdacht zu werden. Etwa Sätze aus einem Gießener Straight Edge-Fanzine, in denen vor Gesundheitsschäden durch Onanie gewarnt wurde.

Wie harmlos erscheint dieser moralische Kindergarten dann allerdings heute, während ich gerade an diesem Text schreibe: im Juni 1994 schlugen ein paar Hyperkorrekte jenen Jello Biafra, von dem die Zeile ›Punk ain't no religious cult‹ stammt, krankenhausreif unter dem Vorwurf bzw. Vorwand des ›selling out‹. Wenn das also die ›history lesson‹ von Punk gewesen sein soll, möchte ich sofort an seinem Begräbnis teilnehmen.

Zwischen Aufbegehren und Leiden an der Welt hat sich Hardcore oft für Letzteres entschieden. Man zeige mir eine reine Hardcore-Band, die auch nur einen Funken Humor besaß. Im Punk gab es das, ja, später auch, bei ALICE DONUT und KILLDOZER zum Beispiel, Gruppen, die sich jedoch selbst längst nicht mehr als Hardcore bezeichnen, auch wenn sie noch von dieser Szene gehört werden. Aber CRO MAGS? AGNOSTIC FRONT? YOUTH OF TODAY? ARTICLES OF FAITH? Und wenn es eine Band gab, die nach der Blütezeit von Punk entstand und es dennoch schaffte, anarchisch witzig zu sein – POISON IDEA und WAT TYLER beispielsweise – so wurde sie von den Fanzines zurecht als ›Punk‹ und eben nicht als ›Hardcore‹ klassifiziert.

Tom [Sänger von ALICE DONUT]: »Uns war immer an der persönlichen, unbedingten Freiheit gelegen. Die Tatsache, daß es Sexismus in der Welt gibt, kann uns nicht dazu führen, den Schwanz einzuklemmen und jegliche Form der körperlichen Lust in uns abzutöten. Und das gilt für alle Schweinereien, die um uns herum geschehen: sie dürfen uns nicht in einen Zustand von Verbissenheit und Martyrium versetzen, sondern das Gegenteil muß der Fall sein: im Begreifen und Ausleben unserer eigenen Bedürfnisse müssen wir Zeichen dafür setzen, daß eine Befreiung von

Zwängen möglich ist. Natürlich kann all dies nur auf der Grundlage geschehen, daß wir Sexismus, Faschismus, Macht und Gewalt beschissen finden.

Aber gerade das ist ja auch gleichzeitig die Grundlage der Befreiung. Bloße Lust ohne den sinnlichen Zusatz von Freiheit – deine Freiheit und die des anderen – befriedigt nicht, sondern erhöht nur die Ohnmacht der Fremdbestimmung. Darum sind unsere Texte Miniaturen sozialer Entfremdung oder aber sozialer Befreiung: wer stets nur ›das System‹ anklagt, befreit weder sich noch andere, sondern konstruiert nur eine Macht, die Selbstbestimmung verhindert. Um selbstbestimmt zu leben, muß man diese Macht leugnen anstatt ihren Einfluß permanent zu beschwören.«

ALICE DONUT: *Dermonologist* 7" (1990). Sie waren musikalisch ähnlich unorthodox wie ihre Kollegen Nomeansno. Punk – das war in ihren Augen Frechheit, Schrägheit, Provokation, kein festgefahrener Musikstil.

Diese Sätze, Teil eines fast 90 Minuten langen Gesprächs im Homburger AJZ, sind damals (1991) nicht in das veröffentlichte Interview eingeflossen, weil ich zu diesem Zeitpunkt mit den letzten Sätzen ganz und gar nicht einverstanden war: sie rochen mir zu sehr nach dem Vorwand, den seinerzeit fast jede von mir interviewte amerikanische Band brachte, man müsse die Verhältnisse im Kleinen, im Privaten ändern, anstatt über große Politik zu philosophieren.

Heute erst, nach wiederholtem Abhören, wird mir klar, daß Toms Sätze, die ich unüberlegt der Zensur unterworfen habe, mehr bedeuten als nur jene Selbstbegnügung auf Mülltrennung und Welthungerhilfe (das ›persönliche Engagement‹), daß hier einer schon sehr subtil Kritik übt am Märtyrerdasein einer Linken, die glaubt, Kapitalismus und Patriarchat nur durch völlige Lust- und Luxusverweigerung entgegentreten zu können – Buße als Correctness. So gesehen waren viele Punks in ihrem kargen, aber ganz und gar sinnlichen Dasein tatsächlich noch ein Stück Boheme, die Hardcore-Kinder selbst zwischen Zentralheizung und Videorekorder ein von Schuld geplagter Bettelorden.

Alles ist weniger eine Frage der Bestandsaufnahme (›Scheiße erkennen‹) gesellschaftlicher Verhältnisse gewesen, die beide Gruppen einte, als eine Frage nach der Reaktion auf das Bestehende. Punk gelang gerade durch den direkten, unreflektierten Ausbruch eine vitale Gegenwelt (Randale, Saufen, Sex – manchmal –, Lärm, Gewalt, Gelächter und alles, was mit Vitalismus zusammenhängt, der weder nach dem Gestern noch nach dem Morgen fragt), während Hardcore ein starres Regelsystem entwickelte, das häufig weniger ein gelebter als schwammig eingeklagter Gegenentwurf zur Gesellschaft war. Während Punk Selbstbefreiung gewesen ist und anfangs auch gar nicht mehr sein wollte, mühte sich Hardcore daran ab, die Gesellschaft zu befreien ... und mußte gerade an dieser zu hoch gesetzten Meßlatte scheitern, deren Fehleinschätzung weniger darin lag, in komplexen, den eigenen Horizont womöglich überschreitenden Zusammenhängen zu denken, als in dem messianischen Miteinander von Selbstbeschränkung und Erlöserwahn.

Die Freiheit von Punk bestand gerade darin, kein Anderes, kein Außen bei der Verwirklichung von Freiheit mitzudenken: hier waren die Gehsteig-Spießer unveränderbare Schwachköpfe, eben nicht – wie noch Achtundsechziger-Tenor – ›revolutionäres Potential‹.

Es gab inmitten dieser Ablehnung und Verachtung keinerlei moralisches Taktgefühl, keinerlei Wertesystem, das klassenspezifisch zwischen Unterdrückten und Unterdrückern unterscheidet, sondern es gab nur den uneingeschränkten, einen totalen Bruch setzenden Haß gegenüber allem, was etabliert bzw. integriert und damit spießig gewesen ist – ein Haß auch gegen gemäßigte Protestkultur (»Alternative langhaarige Sau / du siehst aus wie deine Frau«, OHL), Haß, der in seiner Trennung zwischen Anpassung und Aufruhr radikal abrechnete, ohne Rücksicht zu nehmen auf linke Topographie, in der bestimmte Menschen (weil Frauen, weil Proletarier, weil andere Hautfarbe u. a.) ungeprüft für gut oder besser erklärt werden.

»Laß mich in Ruhe, laß mich allein
ich will nicht mehr dein Arschlecker sein
du glaubst, du wärst die schärfste Frau

ich piss dir in die Fresse, du alte Sau
du glaubst, du hast mich total in der Hand
hau ab, oder ich hau dich mim Kopf durch die Wand
ich will nicht mehr dein Arschlecker sein
dein Arsch ist fett, du guckst so cool
doch bevor ich dich ficke, werd' ich lieber schwul
laß mich in Ruhe, laß mich allein
ich will nicht mehr dein Arschlecker sein.«
[TOXOPLASMA, »Arschlecker«, 1982]

Es liegt auf der Hand, aus diesem exemplarisch und beinahe zufällig herausgesuchten Text frauenfeindlichen Sexismus, gewaltorientierte Männlichkeit und Schwulenfeindlichkeit herauszulesen – all das steckt in diesem Text und all das steckte in Punk, jener Bewegung, die sich wie keine andere so scharf polar in faschistische Schläger und Anarchos aufgespalten hatte.

Doch in erster Linie ist dies erst einmal ein Text, der jegliche Form von (Selbst-)Zensur überwunden hat, der Wut und Entfesselung ausdrückt, ohne sich einer Verbindlichkeit zu unterwerfen. Indem dieser Text also (exemplarisch für den deutschen Frühpunk) in der Schwebe bleibt zwischen Selbstbefreiung und offener Gewalt, zeigt er sowohl Mißverhältnis wie Verwandtschaft zwischen dumpfer, teils faschistoider Unterdrückung und anarchischer Entfesselung. Indem Punk einer gestörten, jegliche Selbstbestimmung einschränkenden Gesellschaft entspringt, beinhaltet Punk auch die Lust an Zerstörung, Verstümmelung, Anpissen, Zuscheißen – verweist aber auch gleichzeitig auf ein anarchisch befreites Danach: auf eine Gesellschaft ohne ›Arschlecker‹ und ohne Frauen, die gemäß ihrer Rolle ›cool gucken‹, auf eine Gesellschaft, die keine ›langhaarige Sau‹ mehr als Anschein von Protest hervorbringt ... als allumfassendes Abstoßen anerzogener Verhaltensregeln, als Ficken-Saufen-Furzen-Scheißen-Stinken-Schlagen, war Punk zwar völlig unüberlegter infantiler Kampf gegen jeglichen Glauben an Ordnung in dieser Welt, damit aber auch die erste sich umfassend befreiende Gegenbewegung, die es in der Pop- und Jugendkultur bisher gegeben hat. Für kurze Zeit, an manchen Orten, ohne große gesellschaftliche, jedoch für den eigenen Lebensweg tief prägende Wirkung. Immerhin.

1987–1990

Vom Neubeginn bis zum Zusammenbruch

Und Hardcore? War der durchaus gut gemeinte Anfang, die Splitter, die vom Punk übriggeblieben sind, zusammenzukehren, es erneut, aber anders, zu versuchen. So sehr den Punks die Hippie-Ästhetik ein Greuel war, begann Hardcore als Gegenreaktion zum abgewrackten Punk, ohne ihn allerdings wirklich überwunden zu haben, ohne ihm wirklich etwas völlig Neues entgegenhalten zu können.

Das Ergebnis waren unter anderem seltsame Mischformen, durch die neben dem Punk-Erbe plötzlich wieder Formen des Hippietums ihre Wiederkehr feierten. Thomas Lau schreibt in seinem Buch *Die Heiligen Narren – Punk 1976–1986*: »Die sich aus dem Nebeneinander von lang- und kurzbehaarten Hardcorern, starken Trinkern und Anti-Alkoholikern ergebenden Schwierigkeiten, kann sich jeder selbst ausmalen«.[10]

Bei vielen wurden die Haare länger, die Dreadlocks dicker und je mehr ich heute darüber nachdenke, desto schwieriger fällt es mir, Hardcore als klar ausgeprägte, lokalisierbare Bewegung festzumachen, Hardcore also als Ganzes zu begreifen. Zwischen den kahlgeschorenen YOUTH OF TODAY aus New York, deren ganze Power und Botschaft (bloß) in der Ablehnung von Drogen und Rausch bestand und CONTROPOTERE, einer Art musikalischer Performance-Gruppe aus Italien, Kollektiv langhaariger Kiffer, gab es keinerlei greifbare Gemeinsamkeiten, obwohl doch beide als Hardcore gehandelt wurden. Immer stärker habe ich deshalb den Verdacht, daß die in der Szene Aktiven gerade deshalb begannen, Fanzines mehr und mehr zum Definieren von Hardcore und zum Aufstellen von Hardcore-Gesetzen zu benutzen, weil sie spürten, wie alles auseinandergebrochen war, wie wenig Verbindendes es doch tatsächlich gab, und daß von Anfang an eigentlich nichts von der neuen Bewegung da gewesen ist als das Wort.

Einer, der Punk hautnah mitverfolgt hatte, einer, der 1977 zusammen mit den Slits von New York nach London pilgerte, Jeb Nichols, heute Sänger bei den Fellow Travellers, zog nach dem Abebben der Punk-Explosion in England beispielsweise ganz andere Konsequenzen – er wird nicht müde, in Interviews immer wieder seine Theorie vom ›Ende der Rockmusik‹ zu verbreiten: wer Punk miterlebt habe, meint er, kann nicht mehr an eine musikalische Radikalisierung nach Punk glauben. Hardcore erscheint ihm da nur als blasser Wiederbelebungsversuch, während er mit den Fellow Travellers eine sehr sanft melancholische Mischung aus Folk und Reggae spielt, die indirekt auf Punk reagiert, indem sie sich mit ihm nicht mehr im Wettstreit fühlt.

FELLOW TRAVELLERS: *Just A Visitor* LP (1992). Sie entstammten der ersten britischen Punk- und Hausbesetzer-Szene, wandten sich dann aber dem Reggae und Folk zu. Für Sänger Jeb Nichols eine nur logische Entwicklung ...

Jeb: »Ich werde immer wieder danach gefragt, warum ich Rockmusik hasse, dieses ganze angesagte Zeug aus Amerika. Es ist einfallslos und dumm, ganz besonders all dieses SUB POP-Zeug. Ich kann mir vorstellen, daß dahinter nette Menschen stecken, die ich persönlich nicht angreifen will, aber diese Art von Rockmusik, Beatmusik, harte Gitarren, erscheint mir völlig reaktionär.

Das ist alles irgendwie Bruce Springsteen-Stil, kein bißchen anders. Bruce Springsteen kommt auf die Bühne mit dieser Rock-Haltung ›I'm fighting on the right side, I'm on the good side – think about what I'm saying, I live Rock‹ – dieses geheuchelte Vorspielen von Ehrlichkeit und Natürlichkeit, dieses ganz altmodische, total konservative Ding. Diese Rockmusiker heucheln den Leuten vor, sie seien radikal oder sogar revolutionär. Ich glaube allerdings nicht mehr daran, daß Rockmusik heute noch revolutionär sein kann. Das war ja das Große am Punk. Ich sah die

SEX PISTOLS und sie zeigten, daß Musik eine Revolution starten kann. Aber es waren auch die Letzten, die das gezeigt haben. Die PISTOLS waren die letzte rebellische Rockmusik, das Ende von Rock überhaupt. Und es war ein großartiges Ende. Es war ein Fest. Danach konnte nichts mehr kommen, was das überboten hätte. Nicht in der Rockmusik mit traditionellem Rock-Schema.«

Man muß das nicht teilen, man kann einwenden, daß die SEX PISTOLS gegenüber NAUSEA und den ELECTRO HIPPIES für heutige Ohren extrem konventionell und gemäßigt klingen; als Idee jedoch ist Punk tatsächlich der letzte große Bruch gewesen, nach dem alle zeitlich späteren Variationen des ›Schneller, lauter, härter‹ immer wieder nur die alte Idee neu umspielt haben.

Auch inhaltlich blieb Hardcore, sofern politisiert, auf Punk bezogen – gegen das Dreigespann Bullen, Nazis und Staat. Und doch fühlten alle, die diesen Namen benutzten, daß da eine neue Ästhetik mit im Spiel war, ein Aufbruch, der sich wehrte, Punk als Leiche liegen zu lassen, eine Energie, die sich gegen die selbstzerstörerischen Reste von Punk stemmte. Und nur so kann man gewisse Extremformen wie ›Straight Edge‹ verstehen: als in direkter Konfrontation mit Punk entstanden, was bei einer Band wie MINOR THREAT nachvollziehbar ist, während jedoch ein Großteil der daraus entstandenen ›Straight Edge‹-Bewegung womöglich in ihrem ganzen Leben noch keinen »Original«-Punk zu Gesicht bekommen hatte.

»Die alte Punkszene verschwand fast völlig, und viele ehemalige oder dabeigebliebene Punks begegneten mir als verfaulende, lebende Heroin-leichen wieder. Manchmal kamen sie mir wie eine Herde Paviane im Zoo vor: grunzende Laute außstoßend, ständig um eine kleine Gabe bettelnd und mit ungelenken Bewegungen umherstreifend.« [Karl Nagel, *ZAP*-Spezial »Chaostage Hannover 1984«]

Unbedarft und heiter hatte alles begonnen. Nachdem die Punk-Szene faktisch zusammengebrochen war und nur noch ein paar Relikte wie die UK SUBS alljährlich auf Tour schickte, häuften sich aus aller Welt

Meldungen, die anzeigten, daß etwas in Bewegung geriet. Aus New York hörte man von unglaublich harten Bands, wuchtig und haßerfüllt; in Kalifornien schoßen Underground-Bands wie Pilze aus dem Boden; in Washington DC wurde der Begriff Emocore geprägt, stark emotionsgeladener, vielschichtiger Hardcore, eine Art Ausdruckstanz der Stimmbänder; mit ›Funhouse‹, ›X Mist‹ und ›Double A‹ gab es schließlich in Deutschland auch erste Labels und Vertriebe für dieses neue kreative Sammelbecken harter, gitarrenlastiger, aber nicht metallischer Musik; Moses Arndt verließ *TRUST* und gründete 1988 ZAP, das sich als Hardcore-Magazin in Deutschland etablieren sollte (Vergleichbares gab es in Amerika mit *Flipside* und *Maximum Rock n Roll*), jede Menge kleine

Sniffin' Glue, die ›Mutter aller Fanzines‹, – entstanden zu einer Zeit, als deutsche Musikjournalisten im *Sounds*-Magazin noch darüber diskutierten, ob man Punk nicht einfach ignorieren sollte.

Fanzines folgten, vieles schien gegenüber Punk etwas professioneller geworden zu sein, aber ähnlich spontan und energisch nach vorne.

Die Anfangszeit war sehr unbedarft, vielleicht beinahe schon zu beruhigt. Politische Aktivität rückte in den Hintergrund, das begeisterte Reden über Bands und Platten und über irgendwelche Lebenseinstellungen stand im Mittelpunkt einer Zeit, die uns tatsächlich eine Reihe intensiver Konzerte erleben ließ. In ganz Deutschland war kein Wohnzimmer zu klein, kein Bretterverschlag zu windschief, um nicht als Konzertort und Jugendzentrum genutzt zu werden. Politische Konzepte der Selbstverwaltung wurden weniger diskutiert als ausgeführt und also erlebt – im gemeinsamen Spaß. Großartige Bands tourten durch Deutschland, ich denke an NOMEANSNO im Juhubuhaus in Nieder-Olm, einem kleinen Nest bei Mainz, im Konzertraum Platz für vielleicht hundert Leute.

Nur ein Beispiel unter vielen zwischen 1985–88, Jahre der Schlafsacknächte zu zehnt in Abstellräumen oder unter freiem Himmel, Jahre der kreisenden Flaschen, als ob Punk nie von uns gegangen wäre (vielleicht war dem ja so), Jahre der totalen Jugendlichkeit (und so hießen sie ja auch, die Bands: Reagan Youth, Youth Of Today, Youth Brigade) lange nach der Pubertät. Die Zeit, in der eine kleine Szene sich entwickeln und homogen in einer Art unbedarftem Taumel leben konnte, war sehr kurz. Laß es zwei bis drei Jahre gewesen sein.

Immer stärker trennten sich schließlich die Gruppen in ›Politische‹ und ›Unpolitische‹. Als unpolitisch galten die, denen es hauptsächlich um Musik und Platten ging: die gierigen Sammler. Von ihnen gibt es eine Unmenge, da die limitierten Auflagen von Hardcore-Platten geradezu einladen, die Platte als kostbares Stück nach Hause zu tragen, während Inhalte nebensächlich werden. Betrachtet man sich Plattensammler-Zeitschriften wie den Oldiemarkt, sieht man, daß Punk/Hardcore bei Händlern und ›Berufssammlern‹ noch eine Randerscheinung geblieben ist, doch innerhalb der Szene hatte sich ein Markt entwickelt, den viele Labels damit anheizten, daß sie die Platten auf farbigem Vinyl pressen ließen, die Exemplare durchnummerierten.

Von Hüsker Dü und The Freeze waren die ersten Bootlegs aufgetaucht, Singles der amerikanischen Düsterpunks The Misfits wurden zum Teil mit dreistelligen Summen gehandelt – ein sehr bedenkliches Hobby kam da über eine Szene, die sich doch von allem, was nach Kapitalismus roch, abzuwenden vorgab. Frontline, Vertrieb für Hardcore und Underground, wurde bekannt für seine amerikanischen Originalpressungen. Sie waren stets ein paar Mark teurer als das europäische Lizensstück, wurden aber wegen der Abweichung um oft nur einen Satz, nämlich ›Printed in the U.S.A.‹ bzw. ›Jacket made in Canada‹, bevorzugt.

Wir Fanzineschreiber begannen nun solche Phänomene zu thematisieren und auch unsere eigene Lage in diesem kommerziell gewordenen Spiel zu überdenken. Einerseits ist es völlig marktunabhängige Euphorie gewesen, derentwegen wir Bands in den Himmel gehoben hatten, andererseits machten wir uns mehr und mehr zum Bindeglied zwischen Plattenfirmen und Sammlertum. Erstere hatten dies längst erkannt, hatten Fanzines als ernstzunehmende Werbung für sich entdeckt: mehr als hundert Plattenbesprechungen in einer einzigen Ausgabe des *OX-Fan-*

zines – spätestens da stellt sich die Frage, ob Fanzines nicht zum Quelle-Katalog des Undergrounds verkommen sind: Scharnierstück von Promo-abteilungen und damit Teil einer Entwicklung, die Hardcore inzwischen zur unpolitischen Spezialistenkultur gemacht hat.

Der zweite immer wieder diskutierte Punkt war die Euphorie gegenüber amerikanischen Bands. Durch das Triangle New York (CRO MAGS, YOUTH OF TODAY, AGNOSTIC FRONT u. a.), Washington DC (MINOR THREAT) und Kalifornien (BLACK FLAG, HÜSKER DÜ, CIRCLE JERKS), schien Hardcore ganz und gar amerikanische Bewegung zu sein, über den Ozean geschwappt mit einer Flutwelle, die erst einmal jegliche Kreativität im eigenen Land erstarren ließ. Europäische Bands hinkten amerikanischen Vorbildern hinterher, die Hardcore-Kleidung läutete mit Baseball-Kappen, Converse-Turnschuhen und Skateboard eine völlige Amerikanisierung ein.

Heute jedoch, inmitten des von der Neuen Rechten eröffneten Diskurses um die ›Nationale Identität‹, erscheint der damalige Blick nach Amerika in einem ganz anderen Licht, wirkt als Auseinandersetzung mit einem anderen Lebensumfeld (insbesondere: mit einer anderen Sprache) fast schon wieder sympathisch und fruchtbar, obwohl es doch immer seltsam war, wenn eine deutsche Band über den Ku Klux Klan und Tipper Gore gesungen hat, anstatt den Dreck im eigenen Land zu benennen. Immer wieder stand der schwere Stand, den deutsche Hardcore-Bands im eigenen Land hatten, zur Debatte, immer wieder ging es auch darum, daß es keinen wirklich deutschen Hardcore-Stil gäbe – und Ähnliches war aus Frankreich, Italien, der Schweiz und Österreich zu hören: plötzlich warf man sich untereinander (beliebter Vorwurf unter Linken) Amerikafreundlichkeit vor, so als wäre die Begeisterung für FUGAZI mit einer Begeisterung für George Bush und McDonald's gleichzusetzen gewesen ...

Plötzlich (und dies Jahre vor Heinz Rudolf Kunzes Entgleisung, eine deutsche Quote im Radio zu fordern) gab es überall Ansätze, eine eigene Hardcore-Sprache zu finden, beispielsweise in Stuttgart, wo die SHARON TATE'S CHILDREN unter dem Einsatz grooviger Orgelklänge versuchten, CAN, Krautrock und US-Core zu verbinden. Liest man sich heute die vor dem Hintergrund der damaligen Debatte plausibel klingenden Sätze von deren Sänger Andreas Vogel durch, wird es einem mulmig vor so viel Vokabular, das ganz und gar aus der Jungen Freiheit stammen könnte.

Andreas: »Bei Musik geht es doch darum, daß sie authentisch ist, also ehrlich. Authentisch ist halt ein blödes Fremdwort, aber es trifft die Sache wohl am besten. Musik kann nur dann authentisch oder ehrlich sein, wenn sie identisch ist mit demjenigen, der sie macht. Wenn eine deutsche Band nur amerikanische Bands imitiert, dann ist die Musik auch nicht identisch mit dem Leben der Leute. Deswegen überlege ich mir: Woher komme ich? Was will ich erreichen? Wenn ich TRIO höre, dann hat das mehr mit mir zu tun als wenn ich BLACK FLAG höre. Ich finde BLACK FLAG auch super, bei denen kommt auch eine bestimmte Lebenshaltung rüber, aber das ist die Lebenshaltung von Kalifornien und nicht die Lebenshaltung hier.
Man muß einen Unterschied machen zwischen dem, was einen beeinflußt und dem, was man selber ist.«

Solche Sätze, die mißverständlich nationalistisch rüberkommen können (ist ›man selber‹ TRIO näher, weil sie aus Deutschland kamen oder vielleicht nicht einfach nur deshalb, weil man sie und nicht BLACK FLAG mit Vierzehn gehört hat?), zeigen, wie unvorsichtig und plump sich fast alle von uns mit dem vermeintlichen Problem auseinandergesetzt haben, schon wieder eine ganze Jugendkultur aus den USA übernommen zu haben.

Heute kann man ganz klar beurteilen, wie es zu der US-Euphorie kam und weshalb sie gewissermaßen auch gerechtfertigt war: zu der Zeit, als sich in ganz Europa der Punk-Ausverkauf ausbreitete, waren die Amis einfach deshalb besser, weil es diesen Ausverkauf bei ihnen noch nicht gegeben hatte. 1984, während in England Bands wie die SMITHS den Ton angaben, Punk dort also längst nur noch auf Postkarten ein Thema war, kam *Zen Arcade* mit einer unmittelbaren Kraft über den Ozean, die zeigte, daß da drüben noch jemand an diesen ganzen Wahnsinn glauben konnte.

Und noch etwas geschah cirka ab 1989, was die Szene beunruhigte und durcheinanderwirbelte: ein ›Außen‹ begann dazuzukommen –

ziemlich schlagartig wurde es eng und ungemütlich in den kleinen Läden, größere mußten her – schon war vom Ausverkauf die Rede, schon begann eine leidenschaftliche Wortschlacht gegen die ›Studentenschweine‹ auf der einen, die ›Metaldeppen‹ auf der anderen Seite, die neuen Rezipienten der bislang streng gehüteten Szene.

Was war geschehen? *Spex*, die Musikgazette der Pop-Boheme, hielt Hardcore plötzlich für relevant und diskurswürdig genug, ihm Platz im Hauptseminar einzuräumen. Von der Hardcorestadt Hannover als ›Hauptstadt der Bewegung‹ war schon in einem Deutschland-Spezial die Rede gewesen, im Dezember 1989 – *ZAP*-Mitarbeiter Mark Sikora war bereits zu *Spex* gewechselt – erschien dann ein beinahe komplettes Hardcore-Heft mit dem Titelaufdruck: »Harte Zeiten, Genossen! UK hardcore / grindcore / death metal / Labelportrait: earache/peaceville«. Plötzlich konnte man monatlich Berichte aus Köln (aber auch zeitgleich, ganz anders geschrieben, in Metal-Heften) über Hardcore-Bands lesen, was Hand in Hand ging mit einem Publikum, das man nie zuvor in den AJZs gesehen hatte: NOMEANSNO und FUGAZI spielten nun vor mehr als tausend Leuten.

FUGAZI als *Spex*-Covermotiv 1990. Während einige orthodoxe HC-Anhänger darin einen »Verrat« ihrer Szene sahen, hofften andere, daß sich deren Ideale verbreiten könnten.

Innerhalb eines Jahres hatte sich alles schlagartig geändert und mit fast schon peinlich zu lesender Kleinlichkeit reagierten die Fanzines auf diesen Umschwung, ließen mühselig Rechenschieber sprechen oder gaben auf den Leserbriefseiten ein Forum für Empörte, die sich nun austoben konnten, welche Band nicht mehr und welche doch noch korrekt sei. FUGAZI und NOMEANSNO wurden da immer als Okayene herangezogen, weil sie nach wie vor ihre Eintrittspreise selbst bestimmten und sie nicht über zehn Mark steigen ließen.

Dieses Hin und Her, ob die Öffnung eine Chance gebe, Hardcore zur Massenbewegung werden zu lassen oder aber zur kompletten Vermarktung führe, trug so manch kuriose Blüte: in einem Konzertort bei Hanau ließen die Veranstalter 1990 als Zeichen ihrer Correctness drei Bands zum Eintrittspreis von drei Mark (!) spielen, was den Effekt hatte, daß sich fast alle Leute draußen im Hof tummelten, denn: ›Nur drei Mark, das kann ja nix sein‹.

Vor diesem Hintergrund wunderte einen gar nichts mehr. Sogar der Satz ›it's more than music‹ verkehrte sich immer mehr – für viele ist es noch nicht einmal mehr die Musik gewesen. Lee Hollis, der als Sänger bereits die SPERMBIRDS verlassen hatte, weil ihre Auftritte immer stärkeren Verschleiß zeigten, zu einer Art Punk-Oktoberfest vor gar nicht mehr punkigem Publikum geworden sind (sprich: das Publikum wurde immer jünger und wollte nur die eingängigen ›Hits‹ hören), berichtet von seiner Band 2 BAD, daß fast sämtlicher Umsatz nicht von den Platten, sondern von den T-Shirts her käme. Ganze Mailorder konnten davon leben, eine komplette Garnitur mit Schriftzügen angesagter Bands (z.B. NEUROSIS, SICK OF IT ALL) zu vertreiben: Baseballkappen, Schals, T-Shirts, Sweatshirts, Kaputzenpullis, Shorts. Das hatte es nun wirklich vorher ausschließlich bei Teenie-Stars und Metalbands gegeben.

Daß sich der 88er Katalog des Funhouse/Frontline-Mailorders mit damals völlig unbekannten Insider-Bands aus heutiger Sicht wie die Plattform für kommende Superstars liest (LEMONHEADS, SICK OF IT ALL, Henry Rollins, PRONG, DINOSAUR JR – längst wohlgehütete Kinder der Industrie und die Corporate Rock Stars der Neunziger), konnte damals allerdings noch niemand erahnen. Alles vollzog sich rasend schnell und ›out of control‹ derer, die einmal diese Szene gegründet hatten. So sehr ›out of control‹, daß inzwischen Hardcore-Bands auf MTV auftauchen (hier immer wieder erwähntes Beispiel: RAGE AGAINST THE MACHINE), die nie zuvor in dieser Szene gesehen waren, die sich ihren Medienerfolg also nicht wie etwa Henry Rollins über Jahre durch das Spielen in kleinen Szeneläden erarbeitet hatten. So schnell aber auch, daß GREEN DAY ein Jahr vor ihrem schlagartigen Erfolg noch durch autonome Jugendzentren getourt waren und dort zum Teil vor nur zwanzig bis fünfzig Gästen spielten.

Die kommerzielle Hardcore-Explosion blieb bei denen, die einst für Hardcore in den Ring stiegen, unaufgearbeitet, hinterließ eine ziemliche Leere im Kopf, einen dumpfen K.O.-Schlag. Einige besannen sich daraufhin noch einmal auf gute alte Punkzeiten, andere verloren ganz das Interesse, wendeten sich HipHop, später Techno zu oder warfen völlig das Handtuch.

›Unsere‹ Szene, darüber waren wir uns jedenfalls einig, war das nicht mehr. Jede Menge Spekulationen ließen sich anschließen, weshalb es zu diesem ›Hardcore Breakout‹ gekommen war – möglicherweise trug dazu alleine die Existenz von MTV (und später auch VIVA) bei, Sender, die rund um die Uhr Musik senden und damit automatisch auf ein großes Repertoire zurückgreifen müssen, das die Top Twenty übersteigt (im Gegensatz zu tatsächlich sperrigen Formen des Rock-Undergrounds, war Hardcore ja längst MTV-kompatibel geworden, konnte oberflächlich als Headbang-Musik rezipiert werden); möglicherweise lag es am Unmut vieler Gruppen, die in Interviews mehr und mehr Unlust gegenüber ihrem ›full time job‹ als Musiker äußerten, der von den Indie-Labels schlecht oder gar nicht bezahlt wurde. Bei manchen mag es anfangs auch Euphorie gewesen sein, die Hoffnung, ihre ›message‹ einem großen Publikum nahebringen zu können. So erklärte sich zum Beispiel der Wechsel der britischen Agit Prop-Punks CHUMBAWAMBA von ihrem autonomen Eigenlabel zum Multi EMI.

Solche Hoffnung, über ein größeres Publikum breitenwirksam politischen Einfluß ausüben zu können, hörte man durchaus auch von geschätzten Szene-Ikonen. Bill Gilliam, ehemals Manager der DEAD KENNEDYS und Mitbegründer des Alternative Tentacles-Labels erzählt von einer sehr offensiven Werbestrategie:

>»Wenn du diese Gesellschaft, dieses kapitalistische Prinzip, bekämpfen willst, darfst du nicht davor zurückschrecken, auch seine Mittel zu benutzen. Was nützen dir noch so überzeugende Thesen gegen den Staat und seine Regierung, wenn du sie nicht unter die Menschen bringen kannst? Daher gibt Alternative Tentacles sehr viel Geld für Werbung aus: wir wollen von möglichst vielen gehört werden, wir wollen uns den

Leuten aufdrängen. Überall, wo wir für uns werben können und unsere Meinung frei äußern können, notfalls auch in MTV, tun wir das auch – was der Verbreitung des Virus hilft, ist absolut keine Korruption.«

Jello Biafra, der 1979 bei den Bürgermeisterwahlen von San Francisco kandidierte und immerhin 4 Prozent der Stimmen erhielt, ist einer der ersten Propagisten von Hardcore-Public-Relation gewesen. Daß viele seiner Kollegen später einmal über die Maßen bekannt, aber auch über die Maßen harmlos werden sollten, konnte dabei auch er nicht ahnen.

Logo
Alternative Tentacles

Deutschland brennt,
Hardcore pennt

Zu allem kam hierzulande – spätestens mit Hoyerswerda – der ›Nazi-Schock‹. »Deutschland brennt – Hardcore pennt«, kommentierte ein *ZAP*-Titelblatt. Und tatsächlich: eine ganze Szene war aus dem Dornröschenschlaf erwacht. Nicht, daß Hardcore in all den Jahren apolitisch gewesen wäre – ganz im Gegenteil, auf Themen wie Vegetarismus, Tierbefreiung, Feminismus, Antikapitalismus hatte man sich gut eingeschossen – doch die aggressive Politisierung des Punk in den frühen Achtzigern glaubten viele überwunden zu haben. Diskurs im Eigenheim hatte die Politik der Straße abgelöst.

Auf der eigenen kleinen Insel treibend war Hardcore zum sich ständig selbst bestätigenden Informationsnetz aus Zines, Platten, Tapes und Konzertorten geworden, ohne zu einer direkten Konfrontation gezwungen zu sein. Die Konfrontation kam von Außen. Plötzlich war eine sich als links bezeichnende Szene gezwungen, über ständige Lippenbekenntnisse hinauszugehen – und auch noch in dieser Phase wimmelt es vor desorientierten Diskussionen, beispielsweise zur ›Gewaltfrage‹; der Morgenappell wurde im taumelnden Halbschlaf abgehalten und führte teilweise zu wunderlichen Coming Outs, die zeigten, wie wenig Substanz all die ›p.c.‹-Diskussion hatte, nachdem sie nun wirklich einmal gefordert war.

So grenzte sich beispielsweise der Herausgeber des *OX-Fanzines* im September 1993 ab:

»Ich gebe offen zu, ich fühle mich angesichts des deutschen Rassismus, der Ereignisse in Ex-Jugoslawien zunehmend überfordert, klar Position zu beziehen – und das, obwohl ich mich für intelligent und gebildet halte [Oder gerade deswegen? Sind einfache Lösungen etwas für Dumme?]. Und ich muß auch zugeben, daß diese Zweifel sich prächtig dazu eignen, die eigene Tatenlosigkeit zu rechtfertigen. Aber wofür kämpfen, wofür einstehen, wenn man sich nicht sicher ist, was richtig und was falsch ist? So wichtig ich die Arbeit der ANTIFA finde, ich glaube nicht, daß ich zu 100% dahinter stehen könnte. Ist das eine Ausrede, Feigheit, Faulheit? Zum Teil wohl auch Faulheit, denn Studium und Fanzine nehmen einen großen Teil meiner Zeit in Anspruch [...]. Fanzinemachen und ANTIFA-Arbeit sind gleichwertig, davon gehe ich aus. Ich habe mich für das Fanzine entschieden.«

Brunzdumme Brandmörder sorgten für eine Verunsicherung, die Hardcore endgültig in einen politischen und einen unpolitischen Block spaltete. Es gab kein Dazwischen mehr. Resignation machte sich breit, die eigene Vergangenheit erschien vielen als ein auf Sand gebauter Traum, den zu Träumen ein Ende hatte: War man zu sehr auf die Musik fixiert gewesen? Hatte man zu viel unbegründete Hoffnung ausgelebt? Und so mancher Hardcore-Purist mußte sich nun eingestehen, daß es durchaus Momente in seinem Leben gab, in denen er Politpunk-Bands wie z.B. Slime wohl etwas vorschnell als ›stumpfe Phrasendrescher‹ abgetan hatte.

Eine Auswertung der Fanzines als Berg von Stasiakten würde so manche pauschale Bemerkung über ›die Politischen‹ und ihre Phrasen zum Vorschein bringen. Nun plötzlich galten diese wieder als Propheten und Helden zugleich, die einzig wahren Hardcorer, nun plötzlich wurde wieder jeder Band die Frage gestellt, wie sie es denn bitteschön mit Antifaschismus in ihren Texten hält. Verstärkt waren sie wieder da: neue und alte Bands, die in Deutschpunk-Tradition den Kampf gegen Bullen und Nazis anstimmten. Terrorgruppe, ... But Alive, ein kleines Slime-Revival und mit der Prinz Albert-LP eine klare Politisierung der Boxhamsters. Nein, nicht daß sich Hardcore nun plötzlich doch wieder zum Punk zurückbewegt hätte, dazu war es längst zu spät, aber in einer Art demütiger Haltung der Reue zeichnete sich in den letzten Jahren eine seltsame Spaltung ab: die klassischen Hardcore-Bands der Achtziger sind zu Superstars geworden, von der noch übriggebliebenen Szene kaum mehr wahr- und ernstgenommen, neuer und alter Politpunk beherrschen dagegen wieder das Bild der kleinen selbstverwalteten Jugendzentren.

SLIME: *Wir wollen keine Bullenschweine 7"* (1980). Ein Klassiker des deutschen Politpunks, der gar nicht anders als politisch links gelesen werden kann. – Oder?

Eine Mischung aus Wut und Nostalgie war entstanden – mit dem Bedürfnis gepaart, nun endlich wieder zuzuschlagen. Menschenleben und eine Unzahl an Mordversuchen sind dazu nötig gewesen, die alte, stets nur unscharfe Trennung zwischen Hardcore und Punk aufzuheben, zu einer versöhnenden Repolitisierung dieser beiden Gruppen zu führen, so daß der Song »Hardcore Punk« von den MANIACS heute wieder verständlich geworden ist. Dem entspricht, daß die Chaostage in Hannover, das größte weltweite Punktreffen, das 1984 ein Ende nahm, zum Zehnjährigen seit 1994 wieder stattfinden und ihren kollektiven Höhepunkt für das Jahr 2000 planen. Es mag zynisch klingen, diese neue Aufwertung von Punk auf die Faschisierung Deutschlands zurückzuführen, aber ohne den offenkundigen Pakt zwischen Presse, Politik, Justiz und Polizei zugunsten brauner Gesinnung wäre Hardcore selbst durch MTV nicht so schnell zu so einer radikalen Infragestellung seiner selbst gekommen.

Damit ist also der Zwist zwischen Punk und Hardcore völlig überflüssig geworden. Die Begriffe sind ein Stück Geschichte. Bessere Geschichte wahrscheinlich als die, die wir gerade miterleben. Geschichte einer Zeit, in der sich die Linke glaubte leisten zu können, untereinander einen kreativen Kleinkrieg auszufechten.

Der *OX*-Herausgeber mag weiter von seiner stillen Welt des Fanzines träumen und nicht ganz zu Unrecht anmelden, daß auf komplexe gesellschaftliche Veränderung einfache Phrasen keine Antwort sein können.

Ich werde ihm nicht, wie damals noch, mit einem aufgewühlten Wortgefecht entgegnen. Aber ich glaube, daß Leute wie er verloren haben, daß die Zeit der Fanzines als subkultureller Austausch erst einmal – vielleicht für längere Zeit – ein Ende haben wird. Die Zeit, in der eine BAD RELIGION-Platte (eine Platte oder CD aus dem Punk/HC-Terrain überhaupt) Grund zur Euphorie gibt allemal.

Ganz neue Fragestellungen sind in den Mittelpunkt gerückt, Fragestellungen, die einen rein (sub)kulturellen Widerstand als ungenügend abklopfen. Fragestellungen, die auch darauf hinzielen, inwieweit eine Umgestaltung linker Szene sich in bloßer Reaktion auf überall stattfindende Repression beschränken darf – Fragen, die nicht einfach nur zu jener vielbeschworenen ›Krise der Linken‹ führen, sondern gerade all jene träge Selbstsicherheit aufwühlen, durch die über Jahre jegliche Form von Nachdenken über die eigene Position verhindert wurde. Nichts ist mehr selbstverständlich. Und das ist auch – leider vor traurigem Hintergrund – gut so.

Aber weder taugt nun das Zurückgreifen auf marxistische oder anarchistische Standards als ewig gültige Erklärungsmuster, noch die Verteufelung von Spaß als rigoros apolitische Selbstbefriedigung. Linke Gegenkultur braucht stets beides: politische Auseinandersetzung als Einfordern von Freiheit und ein kulturelles Feld, in dem diese Freiheit selbst heute schon erfahrbar ist. Bruchstückweise haben sowohl Punk wie Hardcore eine solche Erfahrung geben können. Im gelungenen Miteinander von Theorie und Praxis sind allerdings beide gescheitert. Schlimm genug, wenn heute, wo theoretisches Erfassen der Gesellschaft bei vielen innerhalb der alten Szene erstmals ernsthaft in den Mittelpunkt rückt, jegliche Form von erfahrbarem Spaß als Verrat abgetan wird. Schlimm genug, wenn Punk und Hardcore als revolutionär mißlungene Erfahrungen einem starr verkopften Antifaschismus weichen. Schlimm genug, wenn es wieder zu einer linken Kultur käme, wie sie Gerhard Henschel in seinem Buch *Das Blöken Der Lämmer – Die Linke und der Kitsch* gnadenlos, wenn auch etwas selbstherrlich einseitig abserviert, nämlich zu einem Dilemma des schluchzenden Unbefriedtgtseins, dem betroffenen Rückzug in Ketten, der an Befreiung kaum mehr glauben mag oder aber in utopistischen Floskeln blaue Himmel und klare Flüsse – schlimmstenfalls kleine Hände und Füße – besingt.

Alle, die einmal teilgenommen haben an diesem musikalischen Gehämmer und alle, die auch über die Rolle des bloßen Konsumenten oder Fans hinaus eingetaucht sind in dieses Lebensumfeld, wissen und sollten nicht vergessen, daß es inmitten der Glasscherben, mitten im Lärm und den matten Gliedern, dem verschwitzten Hemd und dem abgerissenen Ohrring, den aufgescheuchten Hunden und dem Gestank von Schweiß, Kot und Bier möglich gewesen ist, voller Genuß ein Gegenbild zu dieser Gesellschaft aufzusaugen, das über Betroffenheit und Enttäuschtsein weit hinausging.

Nie waren wir dem SHAM 69-Slogan »If the kids are united« näher als in solchen Momenten. Nie hatte erfüllte und beinahe schon eingelöste Rebellion ein so greifbares Gesicht bekommen wie auf gelungenen Punk- und Hardcore-Konzerten, so selten sie auch waren. Keine Galerie, keine Performance, kein Gedicht, kein Roman und kein Film kann diese unmittelbare Erfahrbarkeit von Freiheit geben, die hier in einer über die Musik und also das bloß kulturelle Feld hinaus gewachsensen Gemeinschaft stattfand.

Die völlige Verkehrung bestehender Ordnung, das »White wine in the morning, breakfast at night – I'm beginning to see the light« von VELVET UNDERGROUND wurde in solchen Momenten vollends eingelöst. Momente, die nicht reproduzierbar sind. Momente, die gerade darauf verweisen, daß weder Punk noch Hardcore als eine ganz spezifische Form der gesteigerten Lebensqualität aufs Verrecken nicht wiederholbar sein werden. Aber Momente, die wir nicht verleugnen sollten, da auch künftig Widerstand Ästhetik braucht, auf jenen Ort angewiesen ist, an dem Negation des Bestehenden umkippt in Sinnlichkeit.

»Wo gehn wir denn hin? – Immer nach Hause.«
[Novalis]

Das zu Hause, diesen viel strapazierten Begriff, nicht den rechten Deppen überlassen. Ihn nicht dem deutschen Quell überlassen, sondern zeigen, daß solch ein romantisch verkästes Glücksgefühl nur in Situationen möglich wird; in ganz bestimmten Situationen, in Schnittpunkten, die unseren Puls nach oben treiben, an einem Ort, wo Rausch und Reaktionsfähigkeit gleichzeitig ihren Höhepunkt erreicht haben – wie schön kann Haß sein, wenn er gleichzeitig Erfüllung garantiert. Was Spießer und andere Konkursverwalter nie begriffen haben: ›No future‹ galt ihnen, nicht uns. Als wir die Schallmauer durchbrochen hatten, glaubten sie für uns einen Haufen Särge bestellen zu müssen und lagen doch selbst darin. Meinste Punk, meinste Hardcore, meinste Grindcore: das Ende und die Vernichtung haben wir doch immer nur beschworen, um zu zeigen, wie lebendig wir selbst noch sind.

Und sollten Punk und Hardcore nun doch zu einem Ende gekommen sein, bleibt eine Tür noch offen. Keine Ahnung, wer wann aus dieser Tür wieder heraus kommen wird ins pralle Leben, aber sicher ist, daß etwas, das einmal gezündet hat, niemals völlig verschwinden wird. ›Punks not dead‹ wird weiterhin die Häuserwände zieren. Mag es auch nach Durchhalteparole klingen, mag es auch nach aller Erfahrung des Scheiterns nur mit zittrigen Knien bestehen: irgendwie, wie auch immer, wird es weiter gehen, irgendwie, wenn nur die Kraft da ist, weder blöden Videoclips von bunt tätowierten Blökern noch den Pfadfindern nationaler Identität das letzte Wort zu überlassen.

Nachwort zur überarbeiteten Auflage

Punk-Revival, Chaostage und Punk im TV

Punk ist mal wieder nicht mehr, was er einmal war. »Smells like Müll-trennung«, kommentierte Thomas Winkler mein Buch in der *taz*: »Schlußendlich muß jeder für sich selbst und allein entscheiden, ob er den Leichnam noch riechen kann«, heißt es dort. Weil sich der Leichnam allerdings noch immer nach vorne bewegt, riecht mein Anfang 1995 abgeschlossenes Buch zum Thema womöglich heute schon verwester als der Leichnam selbst.

Beiläufig habe ich die Chaostage im Buch mit vielleicht zehn Zeilen abgehandelt, während sie doch kurz darauf zu einem Medienereignis werden sollten, das sich anhand der konkreten Ereignisse in Hannover (und also vor allem anhand des dort entstandenen Sachschadens) kaum erklären läßt.

Hierzulande wurde Punk in den Medien über die Chaostage populärer als über Chart-Bands wie GREEN DAY. So populär, daß sich Punk 1995 zu einem beliebten Talkshow-Thema entwickeln sollte. Und nur durch die Bedeutung, die Punk wegen der Chaostage plötzlich wieder von den Medien über den Mainstream hinaus eingeräumt wurde, konnte der Eindruck eines Punk-Revivals entstehen.

Andererseits ist dieser Negativ-Hype rund um die Chaostage natürlich auch ein Zeichen dafür gewesen, daß die Medien nach einer wie auch immer rebellischen Jugend suchen und diese notfalls sogar selber erfinden würden. Da macht es wohl auch wenig Unterschied, ob Wohnheime brennen oder ein Supermarkt geplündert wird: Die Talkshow-

Berichterstattung behandelt den Sänger einer Nazi-Band (*das* Schock-Thema wenige Jahre zuvor) und den Teilnehmer an den Chaostagen gleich, gleichsam demokratisch über den demokratischen Kamm. In beiden Fällen werden Exoten vorgestellt und für ein halbes Jahr von Sender zu Sender gereicht; Exoten, von denen man annimmt, daß sie in irgendeiner Form unsere Demokratie zu stürzen versuchen.

In beiden Fällen handelt es sich um Tiere freier Wildbahn, Tiere vor der Kamera, denen keiner gerne auf der Straße begegnen möchte, die man sich jedoch gerne und gierig hinter Glas betrachtet. »Mit Nazis reden« und »Mit Punks reden« findet da meist auf einem Level statt. Auf einem Level insofern, als daß die Chaostage erst zu einem Skandal aufgebauscht werden mußten, um ihnen den Anstrich der Verruchtheit zu geben, der in etwa dem rassistischen Brandmord gleichkommt.

Weil allerdings in dem einen Fall ›wir‹, also unser Staat und unser Wertgefühl angegriffen wurde, ›unsere‹ Supermärkte geplündert und also ›unsere‹ Steuergelder strapaziert, im anderen Fall ›nur‹ unliebsam Anderen etwas ausgewischt, mußten die Chaostage gar nicht mal so sehr als Skandal überhöht werden, um als solcher zu wirken. Es genügte schon in der Berichterstattung, die Ansammlung von Punks als drohende Gefahr und prügelnde Horde darzustellen, um ein Zittern zu bewirken, das größer ist, als wenn ›die Neger‹ brennen.

Es liegt mir nichts daran, die Chaostage überzubewerten, denn überbewertet wurden sie bereits oft genug – sowohl von der echauffierten Bürgerpresse wie von diversen Teilnehmern an den Chaostagen.

Aus dem Haß, der den Punks da von unserer Medien-Polizei entgegen schlug, spricht sicher auch ein Tropfen Wehmut und wahrscheinlich sogar nicht eingestandene Sympathie: die bereits erwähnte Freude, daß es wieder kracht oder doch zumindest wieder krachen könnte. Wehmut, inmitten all der ›Maydays‹ und ›Love Parades‹ endlich einmal wieder von einer rebellischen Jugend und vom ›Generationskonflikt‹ berichten zu können.

Punk- und Pop-Soziologe Thomas Lau schrieb hierzu treffend in *testcard* #2: »Die Talkshow mit Arabella Kiesbauer auf PRO 7 am 5.12.1995, in der Moses Arndt gegen Arabella und den Rest der Welt antrat, hätte man noch als Punk/Techno-Vergleich nehmen können. Die beiden TechnovertreterInnen in dieser Sendung verdeutlichten noch einmal die sprachliche Armut dieser Szene. Moses, Tobias Scheiße und die Terrorgruppe dagegen rotzlöffelten sich souverän durch die Sendung. Das war Punk: das Aufzeigen der gesellschaftlichen Normalität durch ganz einfaches Anderssein, simple Normverletzungen, dieses aber permanent – und nicht so teilzeitheftig wie es eben Techno und andere praktizieren – und dabei weder körperlich noch sprachlich verletzend. Die Punks waren einfach da, machten dummes Zeugs, aber nichts kaputt – nur die Sendung. Und auf einen solchen Triumph warte ich bei Techno – bisher – vergeblich.«

Chaostage-Sonderausgabe des *Zap* von 1994. Der nostalgische Versuch, die Bewegung ganz aus dem Geist der Achtziger neu zu formieren.

Was in Presse- und Fernsehköpfen vorgeht und weshalb die Chaostage für Presse und Fernsehen so interessant gewesen sind, ist im Rahmen dieses Buches allerdings weniger interessant als die Frage danach, warum es überhaupt wieder zu den Chaostagen kommen konnte. Eine Erklärung könnte da mein bereits vor anderhalb Jahren abgeschlossenes Buch gegeben haben: Wegen der Kommerzialisierung von Punk und Hardcore (denn beides wurde ja kommerzialisiert: Punk über die TOTEN HOSEN, GREEN DAY u. ä., Hardcore über Rollins und Co.), mußten diejenigen, die noch glaubwürdig Punk sein wollten, auf die Straße zurück. Wenn der Slogan »It's more than music« noch an irgendwelche außermusikalischen Gehalte gebunden sein wollte (zudem es innermusikalisch um die Gehalte ja auch nicht mehr so gut bestellt war), mußten diese auch mal wieder gezeigt werden. Somit erkämpfte sich der harte Kern einer Szene über die Chaostage noch einmal seine Glaubwürdigkeit – die sprichwörtliche »street credibility«. Selbst wenn es auch nur gewesen ist, um vor sich selbst wieder das Image poliert zu haben.

»Chaostage sind wie Weihnachten«, sagte Moses Arndt im »Boulevard Bio«. An Weihnachten hat alles anders zu sein, besonders schön, besonders harmonisch. Ebenso grenzt der Punk mit den Chaostagen drei Tage vom Rest des Jahres ab, drei festliche Tage im Kreis seiner ›Familie‹. Die soziale Funktion dürfte dabei gar nicht mal so sehr von der Weihnachts-Funktion für die Familie abweichen: Für fast alle Punks bedeutet der Rest des Jahres nämlich auch nichts anderes als Fabrik, Arbeitsamt, Büro, Schule, Uni und ein mehr oder weniger trautes Heim. Das Besondere an den Chaostagen in Hannover liegt sehr stark darin begründet, daß sie nur einmal im Jahr stattfinden; jeder Versuch, sie an einem anderen Ort in kleinerem Rahmen zu wiederholen (wie es z.B. 1995 in Oldenburg versucht wurde: Massenaufgebot an Polizei, aber gerade mal eine Handvoll Punks), ist für den ›harten Kern‹ der Punks unattraktiv. In Hannover trifft sich der Stamm, die Sippe. Und gerade um diese gegenseitige jährliche Vergewisserung, daß der alte Stamm noch existiert, geht es in Hannover.

Ich selbst habe mich nie als begeisterter Chaostage-Fan hervorgetan, würde darin aber auch nie wie Thomas Lau »eine strukturelle Nähe zu Kirchentagen« (in *testcard* #1) sehen. (Da sprüht doch aus dem inzwischen Vierzigjährigen ganz schön viel Neid, so daß er völlig übersieht: Kirchentage sind systemstabilisierend, Chaostage dagegen die derzeit letzte Möglichkeit, das System über eine bloße Feier bzw. Versammlung zu verwirren).

Chaostage erscheinen mir in bezug auf eine Wiederbelebung des Punk-Geistes dann doch bedeutsamer, glaubwürdiger und subversiv wirksamer als die Verbreitung von Punk-Schlagern durch die ÄRZTE und GREEN DAY. Der wesentliche Grund jedoch, weshalb die Chaostage in Hinblick auf die Punk-Entwicklung seit den Neunzigern verständlich und wohl auch begrüßenswert sind, liegt darin, daß sich die subkulturellen Strukturen erschreckend geändert haben: Inzwischen ist Punk oft gar kein anderer Versammlungsort mehr geblieben als diese jährliche Bordsteinparty. Befürchte ich zumindest.

Hierzu fallen mir die Thesen von Richard Sennett ein, dessen bereits 1978 veröffentlichter Text »The Fall of Public Man« (dt. »Verfall und

Ende des öffentlichen Lebens. Die Tyrannei der Intimität«) eine gesellschaftliche Entwicklung beschreibt, die spätestens in den Neunzigern auch auf die Subkulturen – letzte Inseln des Sozialen – übertragbar wurde. »Der Intimitätskult wird in dem Maße gefördert, wie die öffentliche Sphäre aufgegeben wird und leer zurückbleibt. In einer ganz unmittelbaren, physischen Weise weckt die Umwelt in den Menschen den Gedanken, daß die öffentliche Sphäre bedeutungslos sei«, heißt es bei Sennett. Sehr verknappt wiedergegeben, beschreibt er die Entwicklung unserer Gesellschaft hin zur Intimitätsgesellschaft, die ihr ganzes Wissen, Erfahren und Fühlen nur noch aus der Intimität der Familie, dem Single-Haushalt oder der Zweierbeziehung zieht (»At Home He's A Tourist« – der alte GANG OF FOUR-Song erzählt von nichts anderem), während der öffentliche Raum mehr und mehr brachgelegt, zum Teil privatisiert wird, die Städte als Orte des sozialen Austauschs zerfallen (»Ich schau mich um und seh nur Ruinen«; DIE FEHLFARBEN), so daß Öffentlichkeit schließlich nur noch mit Angst und Mißtrauen begegnet wird (»Draußen ist feindlich«; EINSTÜRZENDE NEUBAUTEN).

Die Subkulturen mögen einmal verstanden haben, dieser Tendenz der Intimisierung entgegenzuwirken, doch zumindest die weißen Subkulturen haben sich selbst sehr schnell verhäuslicht: Es ist möglich geworden, vom trauten Heim aus mit dem Network der eigenen Subkultur zu operieren – z.B. ein Fanzine herauszugeben – und anerkannter Teil dieser Subkultur zu sein, ohne das traute Heim öfter als einmal pro Monat verlassen zu müssen. Diese lokale Intimität deckt sich mit der Paranoia vor dem Draußen, der Angst vor dem Fremden: Der verhäuslichte Punk erkennt jenseits seines Horizontes nichts mehr an, begegnet anderen Arten von Kultur und Subkultur mit Furcht und Ignoranz, die leicht in Haß umkippen kann. (»Mein Haus ist schwarz / und es steht allein / die Fenster sind vernagelt / und es kommt niemand rein«; EA 80).

Chaostage sind das Resultat aus einer zusammengebrochenen Subkultur, die sich neu formieren, über alte Werte neu definieren und schließlich wieder ihrer selbst bestätigen muß. Zusammengebrochen ist diese Subkultur, weil ihr die Orte zur Versammlung fehlen, in vielen Fällen

Punk gegen »political correctness«: Samplerreihe *Arschlecken Rasur* auf dem *Scumfuck*-Label mit Songtiteln wie »Ich onaniere in den kopflosen Rumpf von Uwe Seeler«.

entzogen wurden. Solange es in dieser Republik genügend autonome Jugendzentren gab oder auch nur irgendwelche lokale Treffpunkte, die einen Freiraum gebildet hatten, sind Chaostage ziemlich unnötig gewesen. Inzwischen aber sind es sowohl biographische Gründe (Tyrannei der Intimität, die einen das ganze Jahr nicht mehr rauskommen läßt) wie auch strukturelle (das Ende einer Unzahl von autonomen Jugendzentren und Konzertorten), aufgrund derer die Chaostage zu einer Notlösung geworden sind ... Hannover ist dabei sicher kein Ort mehr, der lebendige, sich stets verändernde Subkultur ermöglicht (dazu sind drei Tage viel zu kurz), bloß Ort der Selbstvergewisserung: Hurra, wir leben noch. Leichname, die aneinander riechen, um sich gegenseitig zu vergewissern, noch nicht ganz vermodert zu sein.

Leider sind die Chaostage aber auch für einige nur ein plumper Trotz auf und gegen alte autonomen Strukturen, und leider tummeln sich deswegen in Hannover wohl auch so einige, die im autonomen Zentrum vor Ort längst Hausverbot haben. So kommt es mir zumindest vor, wenn Karl Nagel gegen gewisse verkrustete Strukturen mit einer genauso verkrusteten Stammtisch-Schläue wettert:

»Heutzutage muß sich ein ordentlicher Punk als Sexist ausgeben, zuinmzdest gegenüber den Autonomen. [...] Ich finde es völlig okay, wenn die Kids Lust darauf haben, allen Leuten was zu verpassen, die sie reglementieren wollen. [...] In vielen Städten haben Punks auch Streß mit Autonomen, weil sie einen anderen Lebensstil führen und auch gerne einen Schweinewitz machen. Da kam der Chaostag nach zehn Jahren wie gerufen, um es allen noch mal richtig zu zeigen: den Grünen und der Polizei, den Autonomen und den Studenten genauso wie irgendwelchen verspießerten Ex-Punks.« [Karl Nagel in: *Die Beute* 4/94].

Ich will dies hier unkommentiert lassen. Nur so viel, daß ich mir von Herrn Nagel nicht vorschreiben lasse, was ein »ordentlicher Punk« ist, noch wie er sein »muß«, denn solche markigen Sprüche sind wiederum alles andere als Punk, erinnern eher an die Marke Schmierbauch, der in der Runde erzählt, daß der eigene Bub auch mal einen »Schweinewitz« machen muß, um zum »ordentlichen« Mann zu werden. Nee, so nicht!

Auch mich nervt einiges an ›den Autonomen‹ (was man so eigentlich schon wieder gar nicht verallgemeinern kann), aber ich halte es für sehr vermessen, sich mit einer Drei-Tage-Party pauschal gegen diejenigen zu erheben, die das ganze Jahr über in Bereitschaft sind. Daß Hannover nämlich zu einem solchen Erfolg werden konnte (ein Erfolg, den die Autonomen schon seit Jahren nicht mehr in den Medien hatten), liegt gewiß nicht an den besonders fitten Punks, sondern an den Medien selbst und ihrer Geilheit auf eine neue Dimension des ›Terrors‹. Vielleicht schweigt man die Autonomen ja seit geraumer Zeit nur deshalb tot, weil man vor ihnen begründete Angst hat – eine Angst, die dieser Staat vor Einwegflaschen werfenden Punks echt nicht haben muß. Denkt mal drüber nach …

Punk vs. Techno

Oder: Wie funktioniert Subkultur?

Viele Fragen kommen, wenn man auf Lesereise fährt. Schwer zu sagen, wie oft ich nun schon aus »If the kids are united« gelesen habe (oft genug, um gewisse Passagen nun auch ohne Blick auf die Seiten sprechen zu können; oft genug, um den eigenen Text manchmal satt bekommen zu haben). Während es meist still ist unter den Zuschauern und ich beim Lesen schon wieder die Minuten zähle, mich bei meinen eigenen Fremdwörtern verhaspele, unkonzentriert werde, das Bier nicht nur zum Befeuchten wünsche, freue ich mich doch immer auf das Danach, das bestenfalls länger wird als die Lesung selbst.

Denn vieles, was in diesem Buch nicht geschrieben steht, entwickelt sich im Danach der Diskussion (ja, Diskussion; wir Punks und Alt-Punks diskutieren so viel, oft und gerne in die Nacht hinein wie ›Hippieschweine‹), oft nur unter vier Augen, dann, wenn in irgendeiner Stadt, in der ich zuvor noch nicht gewesen bin, mir irgendwer, den ich zuvor noch nie gesehen habe, seine Sicht von Punk erklärt. Oder aber auch, wenn irgendwer mir erzählt, daß Punk doch längst gegessen sei, Steckenpferd von Dreißigjährigen. (Ich schreibe hier mit Absicht immer nur noch von Punk und nicht mehr von Hardcore, weil von Hardcore inzwischen auch kaum mehr irgendwo die Rede ist … eigenartig, oder?).

Eine Frage, die mir an den Abenden nach meiner Fahrt durch die Republik immer wieder gestellt wurde, ist die Frage danach gewesen, wie es weitergehen wird und weitergehen soll. Nicht unbedingt mit

Punk, sondern mit Sub- und Popkultur im allgemeinen. Damit, Inhalte (womit in der Regel Subversion gemeint ist bzw. offener Widerstand; Unlust, Kratzbürstigkeit und Gegenkultur im weitesten Sinne) wirksam zu transportieren. Und während ich schließlich gemeinsam mit denen, die diese Frage gestellt haben, nach einer Antwort suche, kommt es auch schon mal vor, daß einige Punks ausrasten (»Ihr redet hier ständig von Kultur und Ästhetik – Kultur ist eine Erfindung der Macht und subversive Ästhetik eine Erfindung von Kommunikationsdesignern, die *Spex* lesen«; O-Ton aus Würzburg), doch in der Regel ist das Interesse daran, was an Neuem passieren könnte, sehr groß – auch unter fundamentalistischen Punks.

Angewandte Selbsthistorisierung: Originalcover des vorliegenden Buches von 1995.

Und dann kommt da immer wieder die Frage nach Techno. Und die Frage mündet immer wieder in die etwas allgemeiner gefaßte Frage, ob es denn möglich ist, eine Protestkultur aufzubauen, die ganz ohne Worte funktioniert. Vorausgesetzt, Techno würde je dazu fähig werden, eine Protestkultur auszubilden.

Als die »Rote Flora« in Hamburg sich den neuen Tendenzen öffnete und begann, in ihren Räumen auch Raves zu veranstalten, parkten dort bald »die Autos mit Vorstadtkennzeichen (...) und auch die KarrieristInnen der Medienindustrie«, schreibt Heiko Stoff in der Zeitschrift *links* (Sonderausgabe »Popmoderne«, Dez. 95): »Zudem werde ›der Anspruch, subkulturelle Tendenzen subversiv mit unseren Inhalten zu füllen nicht eingelöst‹, stattdessen würden ›die erkämpften Freiräume immer mehr gegen das eingetauscht, wogegen diese Freiräume erkämpft worden sind‹.« Und wer oder was trägt Schuld daran? Der Rave? Die sprachlose Musik? – Nein, der Spaß an sich, folgert der Autor, das Tanzen und Sich-Gehenlassen, denn: »Der Spaß ist konstitutiv für das soziale Konstrukt Mann.«

Okay, da haben wir es wieder: Fresse hängen lassen, sich von ultrakorrekten Crust-Bands erzählen lassen, daß nur, wer sich vegan ernährt, als Mensch zu gelten hat. Seltsam z.B. nur, daß sich auf Raves und diversen anderen »spaßigen« Veranstaltunge mehr Frauen finden als auf solchen Crust- und Grunz-Konzerten. Womöglich Frauen, die sich dem sozialen Konstrukt Mann unreflektiert beugen?! – Ach, lassen wir das. Es gibt zwar hundert Gründe, sich gegen solche zementierten Trauerweiden aufzuregen, doch das Problem wird dadurch nicht gelöst.

Neue Szene, neue (nicht mehr auf authentisch getrimmte) Ästhetik: Techno-Sampler *Synthetic Pleasures* von 1996.

Ich selbst habe auch keine gültige Antwort bereit, weiß nur, daß mir selbst die Musik im Umkreis von Techno und Soundspielerei – die sog. ›Electronic listening music‹ von Oval, Microstoria, Jeff Mills, Jimi Tenor, Scanner, Jim O'Rourke, Panasonic u.v.a. – nicht nur persönlich sehr am Herzen liegt, sondern daß sie mir auch zeitgemäßer als Punk erscheint. Zeitgemäß nicht im Sinne einer affirmativen Anpassung an bestehende Verhältnisse (und sei es nur eine Anpassung an die neuen Möglichkeiten der Klangerzeugung), sondern im Sinne einer subtileren Verarbeitung des Vorgegebenen.

Natürlich ist das unter anderem auch eine Frage des Alters. So wenig mir Green Day und Die Ärzte heute zu bieten haben, hat wahrscheinlich Mouse On Mars dem 16jährigen Ärzte-Fan zu bieten. Ich bin es aber auch leid, immer wieder schön gehorsam und voller Respekt die Trittbrett-Funktion von Bands wie den Ärzten hervorzuheben und anzuerkennen, daß sie fähig sind, ›die Jugend‹ zu Punk hinzuführen. – Was soll das? – Wem ist damit gedient? Zu welcher Form von Punk führt denn bitteschön eine solche Band, die sich kaum mehr von den Prinzen und der Münchener Freiheit unterscheiden (mal abgesehen davon, daß sie mit Texten wie »Männer sind Schweine« immer noch eine Spur treffsicherer sind als der restliche Radiopop)? – Warum braucht ›die Jugend‹ heute solch ein Tralala, um sich zu Punk (vor allem: zu welchem Punk?) führen zu lassen?

So sehr alles auch eine Frage der Ästhetik ist (Oval sind nun mal überlegter und musikalisch verstörender als Die ärzte) – keine Ästhetik, die nur von *Spex*-lesenden Kommunikationsdesignern erfunden und getragen wird –, wird es letztlich wieder zu einer Frage von wirksamer Protestkultur. Mir erscheint diesbezüglich, daß Bands wie Oval da sehr viel mehr ›sprechen‹ als Die ärzte, daß man nur zuhören muß, um den ›Text‹, der aus der Instrumentalmusik von Oval fließt und plappert, zu vernehmen, während man bei den ärzten selbst noch mit verstopften Ohren all die Phrasen vernimmt, die weder Gehör noch Kopf mehr fordern.

Das Problem ist nicht die Musik, die keine Sprache mehr benutzt, nicht die Musik, die sich der eindeutigen ›message‹ verweigert; das Problem ist vielmehr der noch immer (vor allem unter Punks) verbreitete Glaube, Musik müsse eine klar strukturierte ›message‹ verbreiten. Subversion und Rebellion sind allerdings nicht abhängig von einer längst bekannten Schilderung der Mißverhältnisse, sondern leben davon, gegebene Verhältnisse stets neu transformieren und für die eigenen Zwecke umbiegen zu können. Dies hat immer auch etwas mit Verwirrung zu tun. Und so wie Punk einst verwirrte, wissen heute z. B. Oval zu verwirren.

Von all dem abgesehen ist es momentan natürlich eine bloße Hypothese und theoretisierendes Wunschdenken, hinter irgendeiner Form von Musik und Popkultur noch so etwas wie Keim der Rebellion zu vermuten. Insofern sind die Chaostage selbstredend rebellischer als sämtliche Punkplatten der letzten fünf Jahre, insofern waren die L.A.-Riots rebellischer als sämtliches HipHop-Vinyl. Bestenfalls können Punk- und HipHop-Platten auf solche Explosionen vorbereiten, Nährboden sein. Dennoch scheint mir jeder Erkärungsversuch, der sich in bezug auf Rebellion eine Ästhetik zum Ausgangspunkt nimmt, ein bildungsbürgerliches Wunschgespinst zu sein. Anders gesagt: Punk kann zwar einen Jugendlichen dazu bringen, bei der Antifa mitzuarbeiten, Sinn und Existenz der Antifa hängen aber kein bißchen davon ab, ob und wieviele Punkplatten, sondern nur davon, ob und wieviel Faschismus es gibt.

Also habe ich die Frage danach, ob Techno mitsamt seinen Abarten und radikalen Randerscheinungen jemals eine emanzipatorische Wirkung wie Punk und HipHop haben kann, nicht beantworten können. Deswegen nicht, weil ich die Frage für falsch gestellt halte. Der Ort des Austauschs darf nicht alleine in der Musik gesucht werden; Musik sollte lediglich Medium sein, das diesen Austausch ermöglicht, transportiert und untermalt. Über Jahre hinweg wurden die subversiven Möglichkeiten von Musik für meine Begriffe überbewertet, wurden der Musik Fähigkeiten zugesprochen, die sie nicht erfüllen kann und auch gar nicht erfüllen muß. Die Überbewertung des Mediums Musik als ›message‹ hat dazu geführt, daß die Lösung des Problems von vielen fast ausschließlich in der Musik, nicht mehr außerhalb ihrer gesucht wurde.

Techno ist also weder ›das neue Ding‹, nur weil er neu ist (na ja, so neu ist es ja auch wirklich nicht mehr, immerhin schon gut zehn Jahre alt), noch ist Techno eine Sackgasse, weil er keine Worte benutzt. – Alles hängt ab von der Umgebung, von einer lebendigen alternativen und autonomen Jugendkultur. Eine Jugend, die sich kein X als ein U und keinen Industrieschrott als die zwischen Plastikdeckel gebrannte Widerspenstigkeit verkaufen läßt, ist wichtiger als die Frage nach dem Sound, der Message und dem Text irgendeiner Musik. Wichtiger als zu Zeiten vermeintlicher linker ›unity‹ ist es heute geworden, was sich außerhalb der Rillen und Bites abspielt. Es ist wieder an der Zeit, öffentliche Plätze zu erkämpfen und zu erobern, Räume, die Kommunikation ermöglichen – Öffentlichkeit jenseits von kommerziell betriebenen Tanzläden und starren Gesinnungsfabriken.

Insofern sind Techno, ›Electronic listening music‹, Schlager, Easy Listening, Trance, ›Intelligent‹, Chill out und Ambient keine Ursachen dafür, daß Jugend sich notwendig isoliert, entpolitisiert und in die Wohnzimmer verkriecht bzw. nur noch selbstversunken auf der Tanzfläche hampelt; all das sind nicht notwendig Anzeichen von völliger Gleichgültigkeit: All die oben genannten musikalischen Stile und Phänomene sind zeitlich Phänomene nach Punk und allesamt gewissermaßen aus Punk heraus entstanden. Aus ihnen läßt sich etwas machen, wenn nur die Bereitschaft besteht. Anders gesagt: Vielleicht ist das Schweigen von Techno ja eine Rekation darauf, daß Punk – und kurz darauf HipHop – zu viel gesprochen hat; und vielleicht ist das Schweigen von Techno ja eine Chance, daß endlich einmal nicht mehr die Musik erklären muß, was man besser außerhalb der Musik erfährt und durchlebt.

Subkultur lebt vom persönlichen Kontakt, vom Austausch, von Reibungen zwischen Menschen, nicht so sehr vom ›lyric sheet‹ und der über ein ›lyric sheet‹ vermittelten Gewißheit, einer klar umrissenen Gemeinschaft anzugehören: »Punk ain't no religious cult«.

Andererseits: Die Hoffnung, daß Techno ein subkulturelles Netzwerk schaffen wird, das über Style, Events und Beats per minute hinaus zu sprechen und zu handeln vermag, habe ich auch aufgegeben. Und so lebe ich schon seit einiger Zeit mit meinen eigenen, ganz persönlichen Widersprüchen: Musiker wie Jeff Mills propagieren, weil mir diese Sachen außer Konkurrenz erscheinen, mir dagegen Preßwerke von Gruppen wie OFFSPRING am Arsch vorbeigehen … andererseits Punk als Haltung propagieren, weil Punk bis heute die einzig wirksame Subkultur ist, die wacker und glaubwürdig gegen diese Gesellschaft antritt. Ich sehe zwar keinen notwendigen Zusammenhang mehr zwischen einer bestimmten Musik und einer bestimmten Haltung (sonst wäre ich selbst längst nicht mehr von Herzen Punk), muß aber auch zugeben, daß kein Techno-, Ambient-, Sophisticated-Electro-Act je wird vermitteln können, daß uns die Scheiße noch immer bis zum Hals steht. Insofern gestehe ich mir reuevoll und ganz gegen meinen momentanen Musikgeschmack ein, daß es vielleicht doch besser ist, mit Vierzehn GREEN DAY zu hören und Jeff Mills den Dreißigjährigen zu überlassen. Bei mir sind's z. B. die SEX PISTOLS gewesen, die mich dorthin gebracht haben, wo ich heute stehe – eine Band, die damals mal mindestens so groß gewesen ist wie GREEN DAY es heute sind. Etwas pathetisch gesprochen schadet es also wahrscheinlich gar nichts, wenn am Anfang der Schwindel steht und auf ihn die Erkenntnis folgt. Zumindest eine Erkenntnis unter vielen, die mir noch immer nicht als so überlebt und ›überwunden‹ vorkommt, wie es von gewissen Hipstern gerne dargestellt wird.

Alles ist Punkrock!

Kurzer Schwenk, eine andere Sichtweise auf die Sache, etwas Nachdenkliches zum Schluß.

Im *TRUST* vom April '96 findet sich ein zynisches, aber leider zum Teil auch treffendes Statement von David Thomas (PERE UBU):

> »Punk ist im Grunde genommen eine sehr konservative Bewegung. Punkrock ist eins! Alles ist Punkrock! Der Präsident der Vereinigten Staaten ist ein Punk! Jeder ist ein Punk, alle im Fernsehen sind Punk. Punk war der Sieg von Verhalten über Substanz. Es war der Sieg von Erscheinung und Mode. Das hat Malcolm McLaren schon damals gesagt, wir auch, nur uns hat niemand geglaubt und ihm natürlich auch nicht. Alle dachten, er sei nur clever, Attitude war alles. Wie verkauft man ein Auto? Man setzt ein Mädchen auf die Haube! Die amerikanische Kultur heute ist nur noch ein Attitude-Supermarkt. Untereinander tauscht man Verhaltens-Gutscheine … Das ist alles, was Punk uns gebracht hat.«

Dieses Zitat macht sich im Sinne eines »Verhaltens-Gutscheins«, also auch aus Style-Gründen, gut am Ende des Nachworts, da es mit den ersten Sätzen der Einleitung korrespondiert und dieses Buch also schön abrundet (bitte zurückblättern): »Volker Rühe«, steht dort, »macht jetzt Punkrock. Es ist nichts mehr wert.«

Bei aller Übertreibung spricht David Thomas da doch von einem traurigen Sachverhalt, der nicht ganz von der Hand zu weisen ist. Sieht man nämlich einmal von den unter Style-Aspekten nicht gerade reprä-

sentativen Fußgängerzonen-Punks ab, hat
Punk sich tatsächlich von seinem Weg
durch die Achtziger bis heute als stilistischer ›Common sense‹ durchgesetzt, der
nicht nur sämtliche ihm peinlichen Formen der Hippie-Ästhetik weggefegt hat,
sondern auch das Popper- und Yuppie-
Ding. Heute ist irgendwie alles Punk (im
Film, in der Musik, Mode, Literatur, Kunst),
zumindest Post-Punk (also als Konsequenz
aus Punk entstanden) oder kann zumindest als solches ausgelegt werden.

Punk als Lifestyle: Schaufensterauslage
eines Nobelschuhgeschäfts in Rom.

Woran das liegt? – Ganz einfach daran, daß diejenigen, die vor zwanzig Jahren Punk gehört und vielleicht sogar gelebt haben, heute die führenden Stellen
in Werbung, Medien, Kultur, Mode und
Design eingenommen haben. Abgesehen
vom tatsächlichen Working-Class-Punk,
der immer mehr an den Rand gedrängt und belächelt wird, obwohl er
doch mal der Prototyp gewesen ist, waren die frustrierten Bildungs-
Kids, die Punks wurden, pfiffige, an kultureller Veränderung interes-
sierte Kerlchen und hierzu durchaus auch privilegiert. Sie haben es zu
etwas gebracht, sie haben diese Veränderung geschafft: Punk reimt sich
auf Deutsche Bank.

Punk war gegen die Hippies, weil die Hippies schlampig waren, ›keinen
Stil‹ hatten. Punk war gegen Jazz, weil diese bärtigen Musiker in ihren
braunen Pullis ›keinen Stil‹ hatten. Punk war gegen Wim Wenders und
Peter Handke, weil diese betroffene Poesie-Kultur ›keinen Stil‹ hatte –
und dergleichen mehr. Emil Elektrohler z. B. schreibt im *ZAP* seit ein
paar Jahren in loser Folge an einer ›Style Police‹-Kolumne, die vom
Schnauzbart bis zur ›Jute-statt-Plastik‹-Tasche alles anprangert, was
›keinen Stil‹ hat: Eine Haßliste uncooler Dinge, die sich einerseits witzig
liest, aber zugleich so zynisch veräußerlicht ist, daß es nicht wundern

würde, wenn darin auch ›Antifa-Arbeit‹ unter das Verdikt der ›Style Police‹ fallen würde, nur weil der Autor vielleicht irgendwo mal irgendeinen Antifaschisten in Birkenstock-Sandalen gesehen hat. Insofern also ist Techno tatsächlich ganz klar eine Bewegung aus dem Dunstkreis von Punk (sprich: *dieser* Form von Punk). Perfekt ›unpeinlich‹ gestylt, perfekt ›unpeinlich‹ cool.

Und überhaupt: Die einzige mir heute bekannte Band, die tatsächlich noch gegen alle (inzwischen zur Norm gewordenen) Punkstilregeln verstößt, ist die Kelly Family. Sie sind furchtbar häßlich, furchtbar schlampig, furchtbar uncool, furchtbar hippiemäßig. – Aber wer gibt sich schon mit solchen Gegnern ab?

Im Januar '96 veröffentlicht der deutsche ›Playboy‹ ein Photo seiner Redaktion – huch, da ist ja so ein junger Kerl mit grünen Haaren bei, genau der Typ, den man auf den Chaostagen sofort verhaften würde. Aber wundert das? – Überall dort, wo es um Stil geht, hat Punk längst auch das Sagen. Und mit ihm der Zynismus, der mit dem reinen Stil einhergeht: Filme wie »Pulp Fiction« und Comics wie »Tank Girl« bekommen zwar das Prädikat ›postmodern‹ verliehen, doch postmodern meint in den meisten Fällen nichts anderes als Post-Punk. Der genialste Vorbote all dessen dürfte Malcolm McLaren gewesen sein. Sein Geist hat auf ganzer Linie gesiegt.

Große subkulturelle Umwälzungen sind wohl immer ein Vorbote dafür, daß sich kurz darauf auch das gesamte kulturelle, zum Teil auch das gesellschaftliche Klima entsprechend ändern wird; so wirkten die Hippies leicht verschleppt auf das soziale Klima der Böll-, BAP- und Bürgerinitiativen-Kultur ein wie Punk auf unsere Zeit. Der Do-It-Yourself-Gedanke förderte noch einmal einen Boom der Unterhaltungsindustrie, in der sich immer »demokratischere« Musikformen – vom LoFi-Rock zu Techno/House – als Konsens herausbildeten, und der Do-It-Yourself-Gedanke ist schließlich auch Miterfinder des Internets gewesen, dieser riesigen Fanzine-Wüste, wo jeder jeden Tief- und Schwachsinn verzapfen kann, ohne irgendeiner redaktionellen Selektion ausgeliefert zu sein. Nur in Nischen, die ihrer Zeit immer um Jahrzehnte zurück sind, etwa an den meisten Instituten unserer Universitäten, wird dieser neue Status quo und seine Ursache noch nicht bemerkt – möglicherweise erst dann, wenn er wieder mal von einem ganz anderen abgelöst wurde.

Einigen mögen diese Gedanken zu sehr nach einer Verschwörungstheorie klingen, doch mir ist nicht daran gelegen, hier eine Verschwörung aufzudecken, die vielleicht nur meiner eigenen, zu punk-zentrierten Phantasie entspricht, sondern nur, etwas mißmutig darauf hinzuweisen, daß Punk längst nicht mehr nur auf der Seite gegen die Macht zu finden ist, sondern auch unter den Mächtigen.

Punk aus Erziehungshilfe: *Sampler Punk Rock Baby* (2003) mit Easy-Listening-Versionen von Punk-Klassikern für Babies und Kleinkinder.

Ich weiß nicht, ob ich mich verständlich ausgedrückt habe … Wenn ich mit David Thomas spreche und behaupte, daß alles (na ja, sehr vieles) irgendwie Punk geworden ist, dann soll dies um Himmels Willen kein vernichtender Seitenhieb gegen diejenigen sein, auf deren Seite ich noch immer stehe und auch weiterhin stehen werde. Nichts gegen diejenigen, die noch immer in ihren WGs hausen, in der ›Volxküche‹ dreimal die Woche Nudelpampe kochen und die Bands, die in ihren AJZs spielen, bei sich pennen lassen – die also Punk trotz Job, Auto, Einbauküche und sonstigen Kompromissen noch in der alten CRASS-Manier leben. Ihnen gilt mein ganzer Dank, auch hinsichtlich meiner eigenen Lesetour, auf der ich immer wieder sehr nette neue Bekanntschaften dieser Art habe machen können.

Aber es gibt auch viele, die an Punk teilgenommen haben, um ihn zu gebrauchen. Denkt mal nach! Denkt mal zurück! – Ich meine diejenigen, die mal kurz reingeschnüffelt haben und gemerkt haben, daß aus Punk wirtschaftlich verwertbare Ideen zu ziehen sind. Ideen, deren ›No-future‹-Haltung sich sehr gut mit den Interessen eines Apparates deckt, dessen höchstes Ziel es ist, jegliche gesellschaftliche Utopie zu negieren. Ideen, deren breit grinsendes ›Fuck you‹ gerade diejenigen im Elend zurückläßt, für die sich einzusetzen Punk einmal vorgab.

Kurz: Punk als ›common sense‹ steht nicht nur für Arbeiterklasse, Widerstand, Autonomie, Selbstverwirklichung, Emanzipation und Non-Profit, sondern beinhaltet auch all die Auswüchse, die radikalen Gegenwartsbezug und soziales Desinteresse zum profitablen Style-Prinzip gemacht haben.

Insofern steht es an, daß die SEX PISTOLS Bill Clinton als Saxophonisten für ihre Revival-Tour engagieren.

Anhang

Anmerkungen

1 Zitiert nach Walter Benjamin, »Das Passagen-Werk«, Bd.1, Frankfurt a. M. 1983, S.127

2 In: »Drei zu Eins. Texte von: Ingrid Strobl, Klaus Viehmann u. a., autonome L.U.P.U.S. gruppe«, Berlin 1993, S. 26 f.

3 Ursprünglich als Beitrag für »Soundtracks für den Volksempfänger« im Berliner ID-Archiv erschienen

4 Max Horkheimer & Theodor W. Adorno, »Dialektik der Aufklärung«, Frankfurt a.M. 1988, S. 2

5 Jean Baudrillard, zitiert nach: »Die unvollendete Vernunft: Moderne versus Postmoderne« [Hrg. v. Dietmar Kamper und Willem van Reijen], Frankfurt a.M. 1987, S.164

6 Klappentext von: Paul Virilio, »Ästhetik des Verschwindens«, Berlin 1986

7 Michel Foucault: »Vom Licht des Krieges zur Geburt der Geschichte«, Berlin 1986, S. 29

8 Zitiert nach: »Die unvollendete Vernunft …«, s.o., S. 268

9 Jean Baudrillard: »Kool Killer oder Der Aufstand der Zeichen«, Berlin 1978, S. 126

10 Thomas Lau: »Die heiligen Narren – Punk 1976-1986«, Berlin 1992, S.37

Literatur

Ammann, Judith: Who's been sleeping in my brain? Interviews Post Punk. Frankfurt a. M., 1987.

Anscombe, Isabelle: Punk. New York, 1978.

Carducci, Joe: Rock and the Pop Narcotic. Los Angeles, 1990.

Coon, Caroline: The New Wave Punk Rock Explosion. London, 1982.

Diederichsen, Diedrich: Freiheit macht arm. Das Leben nach Rock'n'Roll 1990–93. Köln, 1993.

Döpfner & Garms [Hrsg]: Neue deutsche Welle. Kunst oder Mode? Frankfurt a. M., 1984.

Faulstich, Werner: Zwischen Glitter und Punk. Tübinger Vorlesungen zur Rockgeschichte Teil 3: 1972–1982. Rottenburg-Oberndorf, 1986.

Gülden/Humann: Rock Session 2. Magazin der populären Musik. Reinbek, 1979.

Hartmann/Pott [Hrsg]: Rock Session 6. Magazin der populären Musik. Reinbek, 1982.

Humann/Reichert [Hrsg]: Rock Session 4. Magazin der populären Musik. Reinbek, 1980.

Kleiber, Stefan: Fanzines. Eine der letzten Alternativen. [Magisterarbeit]. Mannheim, 1994.

Kneif, Tibor [Hrsg]: Rock in den 70ern. Jazzrock, Hardrock, Folkrock und New Wave. Reinbek, 1980.

Lau, Thomas: Die heiligen Narren. Punk 1976–1986. Berlin, 1992.

Lydon, John: Johnny Rotten. No Irish, no Blacks, no Dogs. Mein Leben mit den Sex Pistols. St. Andrä-Wördern, 1995.

Marcus, Greil: Lipstick Traces. Von Dada bis Punk. Hamburg, 1992.

Marcus, Greil: Im faschistischen Badezimmer. Punk unter Reagan, Thatcher und Kohl 1977–1994. Hamburg, 1994.

Ott, Paul / Hollow Skai [Hrsg]: Wir waren Helden für einen Tag. Aus deutschsprachigen Punk-Fanzines 1977–1981. Reinbek, 1983.

Penth, Boris/Franzen, Günter: Last Exit. Punk: Leben im toten Herzen der Städte. Reinbek, 1982.

R, Moritz: Der Plan. Glanz und Elend der Neuen Deutschen Welle. Kassel, 1993.

Scrivener, Tony: Sex Pistols. Agents Of Anarchy. Oxted, 1992.

Sukenick, Ronald: Down and In. Life in the Underground. New York, 1988.

Sterneck, Wolfgang: Der Kampf um die Träume. Musik, Gesellschaft und Veränderung. Hanau, 1995.

Ullmaier, Johannes: Pop shoot Pop. Historisierung und Kanonbildung in der Popmusik. Rüsselsheim, 1995.

Verwiesen sei auch auf folgende Fanzines und Zeitschriften: Howl, Ox, Plastic Bomb, Sounds [R.I.P.], Spex, Scumfuck, Super Bierfront, Toys Move, Trust, Zap [Deutschland]; Headspin, Wire [England]; Flipside, Forced Exposure, Maximum Rock'n' Roll, Option [USA].

Diskographie

Vieles wird fehlen, einiges wird sich hier seltsam ausnehmen. Diese Diskographie erhebt keinen Anspruch auf Vollständigkeit (ginge auch kaum), erwähnt nicht einmal alle im Text angesprochenen Platten. Sie versucht lediglich, einen Querschnitt über die Aufnahmen zu geben, die im Zusammenhang der ›Neuen Ästhetik‹ von Punk und Hardcore eine gewisse Tragweite besitzen. Ich trenne hier bewußt unscharf zwischen Punk und New Wave, nehme andererseits auch nicht jede populäre Punk- und Hardcore-Band auf.

Einerseits ist die Discographie also sehr persönlich, wird verärgerte Reaktionen mit sich bringen; andererseits bemühe ich mich, über den eigenen Geschmack hinaus aufgrund eines sehr weit gefaßten Punk-Begriffs nur das aufzulisten, von dem ich denke, daß es hörbar den Bruch zur Rockmusik vor Punk vollzogen bzw. ihn vorbereitet hat. Geringfügige Fehler in der Datierung sind wie immer nicht ausgeschlossen.

Auf Singles wurde weitgehend verzichtet, was zugegeben ganz und gar nicht ›punk‹ ist. Um die Liste halbwegs übersichtlich zu halten, habe ich mich aber dazu entschieden, nur Titel zu nennen, die in irgendeiner Form (als LP oder als CD – auch nicht ›punk‹) noch immer erhältlich sind. Sorry, aber irgendeine wie auch immer begrenzte Auswahl muß man ja treffen. (Wobei ich es mir doch nicht habe nehmen lassen, eine Handvoll längst vergriffener Klassiker aufzulisten, die wieder aufzulegen eigentlich Pflicht sein müßte).

Abwärts (D): Amok-Koma [80]

The Accused (USA): The Return Of Martha Splatterhead [86]

The Adolescents (USA): s/t [81]

The Adverts (UK): Crossing The Red Sea With ... [78]

Agent Orange (USA): Living In Darkness [81]

Agnostic Front (USA): Victim In Pain [84] / Cause For Alarm [86]

Alboth (CH): Liebefeld [92]

Alice Donut (USA): Bucketfulls Of Sickness [89] / Mule [90]

GG Allin (USA): 1956–1993

Alter Natives (USA): Hold Your Tongue [86] / Group Therapy [88]

Alternative TV (UK): What You See [78] / Vibing Up The Senile Man [79]

Angelic Upstarts (UK):
Teenage Warning [79]

Au Pairs (UK):
Playing With A Different Sex [82]

Avengers (USA):
Car Crash [77] /
The Avengers 1977–79 CD [83]

Bad Brains (USA):
Rock For Light [83] / I Against I [86]

The Beastie Boys (USA):
Some Old Bullshit [rec. 81 / rel. 94]

Big Black (USA):
The Hammer Party [86] /
Atomizer [86] /
Songs About Fucking [87]

The Big Boys (USA): div. Singles,
Comilation CDs auf Touch & Go

Bikini Kill (USA):
Pussy Whipped [93] /
Reject All American [96]

Birthday Party (OZ):
Prayers On Fire [81] /
Junk Yard [82] / Munity EP [83]

Black Flag (USA):
Nervous Breakdown 7" [78] /
The First Four Years Comp. [78–83] /
Damaged [81] / My War [83]

Blast (USA):
The Power Of Expression [85] /
It's In My Blood [87]

Blind Idiot God (USA):
s/t [87] / Undertow [88]

Boredoms (JAP):
Soul Discharge [90] / Onan Bomb
Meets The Sex Pistols [91]

Boxhamsters (D):
Wir Kinder aus Bullerbü [88]

The Boys (UK): Same [77] /
Alternative Chartbusters [78]

... But Alive (D):
Nicht Zynisch Werden?! [94]

Butthole Surfers (USA):
Live PCPPEP [84] /
Brown Reasons To Life 12" [84] /
Creamed Corn From The Sockets
Of David [85] / Psychic, Powerless ...
Another Man's Sac [85] /
Locust Abortion Technicant [87]

The Buzzcocks (UK):
Spiral Scratch12" [77] / Another
Music In Different Kitchen [77]

Cabaret Voltaire (UK):
Nag Nag Nag 12" [78]

Canalterror (D): Zu spät [82]

Carcass (UK):
Reek Of Putrefaction [88] /
Symphonies of Sickness [89]

Chrome (USA):
Alien Soundtracks [81]

Christ On A Crutch (USA):
Crime Pays When Pigs Die [91]

Chumbawamba (UK):
Never Mind The Ballots [86]

Ciccone Youth (USA):
The Whitey Album [88]

Circle Jerks (USA): Group Sex [79]

The Clash (UK): Same [77] /
Give Em Enough Rope [78] /
Sandinista [80]

Conflict (UK):
It's Time To See Who Is Who [83] /
Turning Rebellion Into Money [87]

The Cows (USA):
Daddy Has A Tail [89]

The Cramps (USA):
Off The Bone Comp. [81]

Crass (UK):
The Feeding Of The 500 [78] /
Stations Cf Crass [79] /
Penis Envy [81] /
Christ: The Album [81] /
Yes Sir, I Will [84]

The Cro Mags (USA):
Age Of Quarrel [86]

DAF (D):
Die Kleinen Und Die Bösen [80]

The Damned (UK): Same [77] /
Music For Pleasure [77] /
Machine Gun Etiquette [79]

Dead Kennedys (USA): Fresh
Fruits For Rotting Vegetables [80] /
In God We Trust [81] /
Plastic Surgery Disaster [82] /
Frankenchrist [85]

Descendents (USA): Liveage [87] /
All [87]

Devo (USA): Hardcore Devo Comp.
1974–77 Vol.1 & 2 [rel. 90] / The
Mongoloid Years – Live 1975–77 [91]

The Dicks (USA):
Dicks Hate The Police EP [80] /
Dicks 1980–1986 CD [96]

The Dils (USA):
I Hate The Rich EP [77] /
Class War EP [77]

Discharge (UK):
Hear Nothing, See Nothing ... [82] /
Never Again [84]

Doctor Nerve (USA):
Out To Bomb Fresh Kings [85]

DRI (USA): Dirty Rotten LP [84]

Drunks With Guns (USA):
Second Verses [90]

EA 80 (D): Vorsicht Schreie [83] /
Punk Comp. [94]

Eater (UK): The Album [76]

Einstürzende Neubauten (D):
Kollaps [81]

Eisenvater (D): s/t [92]

Electro Hippies (UK):
Peel Sessions [87] / The Only Good
Punk Is A Dead One [88]

Elektricni Orgazam (YU): s/t [81] /
Lisce Prekriva Lisabon [82]

Essential Logic (UK):
Beat Rhythm News [79]

The Ex (NL):
Joggers & Smoggers [89]

The Ex & Tom Cora:
Scrabbling At The Lock [91]

The Exploited (UK):
Punks Not Dead [80]

Extreme Noise Terror (UK):
Holocaust In Your Head [87]

The Fall (UK):
Live At The Witch Trials [78] /
Grotesque [80] /
Hex Enduction Hour [82] /
Perverted By Language [83]

Fehlfarben (D):
Monarchie und Alltag [80]

Flipper (USA): Generic Flipper [81] /
Gone fishin' [82] /
Public Flipper Limited [85]

The Freeze (USA):
Land Of The Lost [84] /
Rabid Reaction [86]

Fudge Tunnel (UK):
Hate Songs In E-Minor [91]

Fugazi (USA): s/t [89] /
Repeater [90]

Gang Of Four (UK):
Entertainment [79]

Generation X (UK): s/t [78]

The Germs (USA): s/t [79] /
Live At The Whiskey [81]

The Gerogerigegege (J):
Tokyo Anal Dynamite [90]

Die Goldenen Zitronen (D):
Porsche, Genscher, HSV [87] /
Das bißchen Totschlag [94] /
Economy Class [96]

Gorilla Biscuits (USA):
Start Today [89]

Gwar (USA): Hell-o [89]

Half Japanese (USA):
Half Gentlemen Not Beasts [79]

Hanatarash (J): 3 [89]

Hans-a-Plast (D): s/t [79]

Happy Flowers (USA): Oof [88] /
Too Much Bunnies Comp. [89]

The Hard On's (OZ):
Dick Cheese [89]

Hass (D):
Allein Genügt Nicht Mehr [81]

Richard Hell & The Voidoits (USA):
Blank Generation [77]

Heresy (UK): Face Up To It [88]

Hüsker Dü (USA):
Land Speed Record [81] /
Everything's Fallen Apart 12" [82] /
Metal Circus [83] / Zen Arcade [84] /
New Day Rising [85]

Joy Division – Substance [77–80]

KFC (D): Letzte Hoffnung [80]

Killdozer (USA): Snakeboy [85] /
Little Baby Buntin' [87] /
12 Point Buck [89]

Lard (USA):
The Power Of Lard [89] /
The Last Temptation Of Reid [90]

Leatherface (UK): Mush [91]

The Leaving Trains (USA):
Fuck [87]

Male (D): Zensur & Zensur [79]

Maniacs (D): s/t [83]

Massacre (USA): Killing Time [81]

MC 5 (USA): Kick Out The Jams [68]

MDC (USA):
Million Of Dead Cops [84]

Meat Puppets (USA): s/t [82]

The Mekons (USA):
The Quality of Mercy … [79]

The Melvins (USA):
Gluey Porch Treatments [88] /
Ozma [89] / Bullhead [90] /
Lysol [93]

Middle Class Fantasies (D): 7" [81]

Minor Threat (USA):
Out Of Step 12" [83]

Minutemen (USA):
Punch Line [79] /
What Makes A Man Start Fires [82] /
Buzz Or Howl Under The Influence
Of Fire [83] / Double Nickels On
The Dime [84]

The Misfits (USA): Evil Life [82]

Mission Of Burma (USA):
Mission Of Burma Comp.
[rec. 79–82/rel. 88] /
Let There Be Burma Comp. [90] /
The Horrible Truth About Burma [85]

Motörhead (UK):
No Sleep 'Til Hammersmith [81]

MX-80 Sound (USA):
Out Of The Tunnel [80] /
Crowd Control [81]

Naked City (USA/UK):
Torture Garden MLP [91]

Napalm Death (UK): Scum [87] /
From Enslavement To Obliteration
[88]

Neurosis (USA):
Enemy Of The Sun [92]

The New York Dolls (USA): s/t [73]

No Means No (CAN): Sex Mad [87] /
The Day Everything Became
Nothing [88] / Small Parts … [88] /
Wrong [89]

OHL (D): Türkenlied EP [81] /
1000 Kreuze [82]

OLD (USA): The Musical Dimension Of Sleastack [93]

Painkiller (USA/UK): Guts Of A Virgin [91]

Penetration: Moving Targets [78] / Coming Up For Air [79]

Pere Ubu (USA): The Modern Dance [77] / Dub Housing [78] / New Picnic Time [79]

PIL (UK): First Issue [78] / Metal Box [79]

Poison Idea (USA): Record Collectors ... [84] / Feel The Darkness [90]

The Pop Group (UK): Y [79] / For How Much Longer Must We Tolerate Mass Murder [80] / We Are Time [80]

Pussy Galore (USA): Groovy Hate Fuck [87] / Right Now [87]

Radio Birdman (OZ): Radio Appears [78] / Living Eyes [81]

Raincoats (UK): Same [79] / Odyshape [81]

The Ramones (USA): s/t [76] / Leave Home [76] / Rocket To Russia [77] / It's Alive [78]

Rapeman (USA): Two Nuns And A Pack Mule [88]

Rattus (FIN): Machine Rat Massacre-Comp. [80–84]

Razzia (D): Tag Ohne Schatten [83]

Red Alert (UK): We've Got The Power [83]

The Replacements (USA): Sorry Ma, Forgot To Take Out The Trash [81]

The Rezillos (UK): Can't Stand The Rezillos [78]

Rollins, Henry (USA): Hot Animal Machine [87] / Life Time [87] / Hard Volume [89]

Rotzkotz (D): Vorsicht Paranoia [79]

Runzelstirn & Gurgelstock (CH): Stuhlgangblockade [90]

Ruts (UK): The Crack [79]

The Saints (OZ): Eternally Yours [77] / Prehistoric Sounds [78]

Seven Minutes Of Nausea (UK): The Noise Of The Rose EP [91]

Seven Seconds (USA): The Crew [84]

The Sex Pistols (UK): Never Mind The Bollocks [77]

Sham 69 (UK): Tell Us The Truth [78] / That's Life [78]

Siouxie & The Banshees (UK): Join Hands [79]

Skeleton Crew (USA): Learn To Talk [84] / The Country Of Blinds [86]

Slaughter And The Dogs (UK): Do It Dog Style [78] / Live At The Belle Vue [79]

Sleater Kinney (USA): Call The Doctor [96] / Dig Me Out [97]

Slime (D): s/t [81] / Live [84]

The Slits (USA/UK): Peel Sessions [77] / Cut [79]

Sonic Youth (USA): Same [82] / Confusion Is Sex [83] / Bad Moon Risin' [85] / Evol [86] / Sister [87]

Sore Throat (UK): Never Mind The Napalms [89]

The Spermbirds (D):
Something To Prove [87] /
Nothing Is Easy [88]

SPK: Information Overload
Unit [80] / Leichenschrei [81]

Steel Pole Bath Tub (USA):
Lurch [89]

Stiff Little Fingers (UK):
Inflamable Material [79] / Hanx [80]

The Stooges (USA):
Fun House [70] / Raw Power [73]

The Stranglers (UK):
Rattus Norvegicus [77] /
Black&White [78] /
No More Heroes [78]

Subhumans (CA):
Incorrect Thoughts [80]

Subhumans (UK):
The Day The Country Died [80] /
Time Flies But Aeroplanes Crush [83]

Suicidal Tendencies (USA):
s/t [83]

Suicide (USA): s/t [77]

The Swans (USA): Cop [84]

Swell Maps (UK):
A Trip To Marineville [79] /
In Jane From Occupied Europe [80]

S.Y.P.H. (D): s/t [79]

Team Dresh (USA):
Personal Best [95] /
Captain My Captain [96]

Teenage Jesus And The Jerks
(USA): Pink [79]

This Heat (UK): s/t [79] /
Deceit [81]

Throbbing Gristle (UK):
TG Live Box [rec. 76–80 / rel. 93]

Ton, Steine, Scherben (D):
Keine Macht für Niemand [72]

Toxoplasma (D): s/t [83]

Tragic Mulatto (USA):
Locos Por El Sexo [87] /
Hot Man Pussy [89]

TSOL (USA): s/t EP [81]

U.K.SUBS (UK):
The Peel Sessions [79]

Undertones (UK): s/t [79]

Urinals (USA): Same EP [79] /
Negative Capability ... Check It Out
CD-Compilation [96]

Verbal Assault (USA): Learn [86]

Vibrators (UK): Pure Mania [77]

Victims Family (USA):
Voltage & Violence [86]

Violent Femmes (USA): s/t [83]

Volcano Suns (USA):
Bumper Crop [88]

Wat Tyler (UK): Sexless EP [93]

White Flag (USA):
Wild Kingdom [87]

Wipers (USA):
Youth Of America [81]

Wire (UK): Pink Flag [77] /
Chairs Missing [78]

Wreckless Eric (UK): Same [78] /
The Wonderful World Of ... [79] /
The Whole Wide World [79]

X (USA): Los Angeles [80]

X-Ray Spex (UK):
Germ-Free Adolescense [78]

Youth Brigade (USA):
Sound & Fury [83]

Youth Of Today (USA):
Break Down The Walls [86]

ZK (D):
Leichen pflastern ihren Weg [82]

ZSD (D): Krieg dem Krieg [86]